Isabel Holocher-Knosp

Die ALB-Detektive

Gefahrenzone Bikepark

Isabel Holocher-Knosp

Die ALB-Detektive

Gefahrenzone Bikepark

KNABE VERLAG WEIMAR

Widmung

Für meine Kinder Leander und Laetitia
und
den Dackel Fridolin

Inhaltsverzeichnis

Kapitel 1: Downhill

Alex fuhr sich mit den Fingern durch die blonden kurzen Haare. Er schloss seine Protektorenjacke, überprüfte nochmals den Sitz der Knie- und Ellenbogenschützer und setzte den Downhill-Helm auf.
Er freute sich auf die bevorstehende Abfahrt auf der Castle-Trail-Route. Er war sie inzwischen so oft gefahren, dass er den Streckenverlauf in- und auswendig kannte. Langweilig wurde es ihm trotzdem nicht. Die Route war abwechslungsreich gestaltet und hatte zudem ziemlich steile Teilstrecken, bei denen man enormes Tempo entwickelte. Je schneller man heizen konnte, desto mehr Spaß machte die Sache!
Wenn er nur nicht jedes Mal das Fahrrad auf den Berg wieder raufschaffen müsste … Der Schlepplift des Tailfinger Bikeparks war nicht so ohne, da es extrem steil nach oben ging. Zögerlich reihte Alex sich in die Warteschlange ein. Hoffentlich fiel er nicht aus dem Lift! Der Gedanke daran war schon der blanke Horror für ihn. Alex brauchte nicht viel Fantasie, um sich das Drama auszumalen: Er im Lift, der Bügel schlecht befestigt. Der Bügel rutscht nach und nach zur Seite. Dann das Gefühl, nach hinten zu kippen, sich mitsamt dem Fahrrad in einem Salto rückwärts zu überschlagen. Das Fahrrad auf ihm drauf. Im Blick den nächsten Biker, der viel zu schnell näher kommt und panisch Zeichen gibt, das Feld zu räumen. Schließlich – der Zusammenstoß! Zu zweit verknäult auf der Liftspur. Keiner kommt mehr dran vorbei. Dann der nächste Biker oben drauf und noch einer und noch einer …
Alex wurde von einem freundlichen „Der Nächste bitte!“ aus seinem unschönen Tagtraum gerissen. Er hatte Glück. Ein Mann half ihm mit dem Bügel, sodass er von Anfang an sicher daran hing. Damit war das Liften halb so schwer.
Nach dem gelungenen Liftausstieg kam nun aber das Vergnügen: die Abfahrt!

Von Anfang an ließ er es laufen, genoss die Geschwindigkeit und das aufgeregte Kribbeln im Körper, das ihn regelrecht beflügelte.
Da kam die Northshore-Rampe! Alex spannte seine Muskeln an, konzentrierte sich. Er riss den Lenker hoch, flog ein gutes Stück durch die Luft und balancierte sein Rad gekonnt aus, als er wieder auf dem Boden aufkam. Perfekte Landung!
Er raste an gepolsterten Bäumen vorbei, fuhr über eine Holzbrücke und dann rasant in eine Kurve. Danach kam die Abfahrt über die Wiese, bei der er es noch mal richtig laufen lassen konnte. Na, wenn man da keinen Geschwindigkeitsrausch bekam. Klasse! Alex düste zum Lift. Nochmal!
Das war ja perfekt gelaufen. Eigentlich fühlte er sich bereit für neue Herausforderungen! Die Mini-DH-Route erschien ihm jetzt genau richtig. Diese Route für Fortgeschrittene war deutlich länger und noch steiler. 1000 Meter Abfahrtsvergnügen. Das war schon etwas anderes.
Allerdings begann die Strecke auf einem vier Meter hohen Startturm, der aus Holzbrettern und Stämmen zusammengenagelt war.
Alex betrachtete kritisch das Holzgestell. Hoch war der Turm. Aber war er auch stabil? Während Alex sein Rad mühsam auf den Turm hinaufschob, wurde ihm zunehmend mulmig. Oben angekommen, blickte er in die Tiefe. Sollte dies tatsächlich die Startrampe sein?
„Fast senkrecht!“, dachte er. Aus dem mulmigen Gefühl entwickelte sich ein ansteigendes Herzrasen. Bubumm, bubumm, bubumm. Warum hatten die den Startturm denn so extrem hoch gebaut? Vier Meter waren schon ziemlich tief … verdammt tief … oh Mann … Hoffentlich kam er da heil runter!
Man musste schon ein bisschen verrückt sein, um sich hier mit dem Fahrrad hinabzustürzen. Ein bisschen? Man musste komplett verrückt sein! Da konnte man ja bereits nach den ersten zwei Metern verunglücken. Und sich im schlechtesten Fall das Genick brechen. Alex linste nach unten. War jemand in der Nähe? Im Moment ließ sich keiner der anderen Jugendlichen blicken. Wenigstens war heute relativ

wenig los und er hatte keine Zuschauer, wenn er sich blamierte. Hmm. Und wenn er die Aktion abbrach und sich einfach wieder vom Turm runterschlich?

Andererseits hatten offensichtlich schon einige Biker vor ihm diese Abfahrt bewältigt. Die Rampe sah bereits recht abgefahren aus. Es war also machbar. Man brauchte nur Mut. Alex horchte in sich hinein. Hatte er genügend Mut? Er ging noch einen Schritt weiter nach vorn und stand nun unmittelbar an der Kante. Oh je. Sein Körper gab eindeutige Zeichen, dass er da nicht runter wollte. Seine Knie wurden nicht nur weich, sondern fingen an zu zittern! Na, mit so wackligen Puddingbeinen konnte das bestimmt nichts werden!

Er musste sich erst mal beruhigen. „Ich muss da nicht unbedingt runter", sagte er sich. „Aber ich kann das schaffen, wenn ich will." Er holte tief Luft und atmete geräuschvoll wieder aus.

Erst jetzt merkte er, dass er vor Anspannung die ganze Zeit die Luft angehalten hatte.

Warum regte er sich denn so auf? Er hatte genügend Protektoren am Körper, gefährliche Bäume waren gepolstert und er würde von Anfang an bremsen so gut es ging. Alex straffte die Schultern. Jetzt oder nie!

Kapitel 2: Falle

Alex atmete noch einmal tief ein und aus, gab sich dann einen Ruck und ließ sein Rad die Rampe des Startturms herunterrollen. Oh Gott! Sofort war er von 0 auf 100 und hatte ein schnelleres Tempo drauf als ihm lieb war. Hoooh, hoooh, hoooh. Langsamer. Bremsen. Breeeemsen. Er konnte die Geschwindigkeit nicht drosseln. Da kam schon die erste Kurve! Lenker rumreißen. Alex streifte die Büsche. Ausbalancieren. Haarscharf. Erdhügel. Auf. Ab. Auf. Ab. Verdammt! Die Strecke war irre schwierig. Zu schwierig. Und er war den Weg nicht einmal abgegangen wie vorgeschrieben. Alex brauchte seine ganze Kraft, um das Rad zu beherrschen.

„Vorsicht, Schotter, nur nicht rutschen!“, schoss es ihm durch den Kopf. Nun kam die enge Spitzkehre. Er hielt den Lenker fest umklammert, als der Boden unebener wurde und er über größere Wurzeln fahren musste. Jetzt wurde es auch noch schlammig. Das Rad rutschte immer wieder unkontrolliert zur Seite. Mann, war es heiß unter der ganzen Schutzkleidung! Er war schon komplett nass geschwitzt. Hoffentlich tauchte nicht auch noch irgendeine Schanze hinter der nächsten Kurve auf.

Dann ging alles sekundenschnell. Zack. Ein Schlag gegen den Schutzhelm, sein Kopf wurde jäh nach hinten gerissen und irgendetwas schnalzte an seiner Schutzbrille vorbei. Verflucht nochmal! Was war das denn? Im selben Moment rutschte das Rad weg. Alex versuchte, sich auf die andere Seite zu lehnen. Keine Chance. Er krachte auf den Boden und überschlug sich. „Aaaah!“ Ein heftiger Schlag auf die Schulter. Dann bohrten sich mehrere spitze Steine in seine Hüfte und eine Wurzel schrammte an seinem Schienbein entlang.

Doch das Schienbein war nichts – sein Arm brannte wie Feuer!

Alex rutschte noch ein Stück weiter, dann endlich Stillstand.

Sein Bein war unter dem Rad eingeklemmt. Benommen blieb Alex liegen. Tränen schossen ihm in die Augen. Ihm tat alles weh. Als er schließlich aufblickte, sah er zu seinem Entsetzen ein Mountainbike direkt auf sich zurasen. Oh nein! Nicht auch noch das! Alex schloss die Augen und wartete auf den Zusammenstoß. Doch es geschah nichts. Er hörte ein scharfes Bremsen, begleitet von einem Quietschen und dann ein lautstarkes Fluchen. Unsicher öffnete er die Augen.
Ein Junge mit blauem Helm beugte sich zu ihm runter: „He, das war echt knapp! Ich konnte gerade so noch einen Schlenker um dich herum machen. Du kannst doch nicht einfach mitten auf dem Weg liegenbleiben!"
Als er merkte, dass Alex total geschockt war, fuhr er in freundlicherem Ton fort: „Sag mal, ist alles okay? Bist du verletzt?" Er zog das Fahrrad hoch, das nach wie vor auf Alex gelegen hatte und half ihm beim Aufstehen.
„Danke!" Alex rieb sich den schmerzenden Nacken. Mist! Seine Hose war zerrissen. Verärgert schüttelte er seinen Kopf. Sofort durchfuhr ihn ein dröhnender Schmerz, als habe er gerade den Schlag eines Boxers auf den Schädel bekommen. Oh Mann! Vorsichtig drehte er seinen Arm hin und her und bewegte die Finger. Schien noch alles zu funktionieren. „Zumindest hab ich mir wohl nichts gebrochen", sagte er matt.
Der Junge nahm seinen Helm ab. Darunter kam ein blonder Lockenkopf hervor. Unzählige Sommersprossen übersäten sein Gesicht. Er musterte Alex nun genauer: „Ich hab dich hier noch nie gesehen. Kannst du den Mini DH überhaupt fahren? Diese Strecke ist nicht so einfach. Hast du ja selbst gemerkt. Weißt du, für Anfänger ist die Nordschleife wesentlich besser geeignet."
„Jaaa, ich weiß. Ich wollt es halt mal ausprobieren. Nachdem der Castle Trail gut gelaufen ist, wollte ich noch einen draufsetzen. Konnte doch nicht ahnen, dass man nach dem Startturm kaum noch vom Tempo runterkommt. Aber deshalb bin ich eigentlich nicht gestürzt.

Irgendwas ist mir gegen den Helm geknallt.“

„Was meinst du mit ‚gegen den Helm geknallt‘? War da ein Ast oder was?“ Alex schaute sich suchend um: „Nee, da war kein Ast. Ich hab da gar nichts gesehen. Nur den Schlag gegen den Helm gespürt und dann ist irgendetwas an meiner Schutzbrille vorbeigeschnalzt. Der Schlag war so stark, dass es mir richtig den Kopf zurückgerissen hat. Jetzt tun mir wahnsinnig der Nacken und die Stirn weh.“

Der Junge bückte sich nach etwas und pfiff dann durch die Zähne: „Na sowas! Ich glaub‘s nicht! Was ist das denn? Ein Draht! Schau mal, der ist hier an dem Baum befestigt. Da hat tatsächlich jemand einen Draht über den Weg gespannt!“

Alex starrte den Draht verblüfft an. Er ließ noch einmal die Szene mit dem Sturz vor seinem inneren Auge ablaufen. Ein Draht. Ja, das musste es gewesen sein. Wer um Himmels willen spannte denn so ein Ding über einen Downhill-Weg? Alex schluckte. Sein Hals fühlte sich trocken an. Als ihm klar wurde, dass ihn jemand absichtlich zu Fall gebracht hatte, krampfte sich sein Magen so stark zusammen, dass er das Gefühl hatte, sich übergeben zu müssen. Er wandte sich ab und würgte. Nein. Sein Magen gab das Mittagessen doch nicht her.

Der lockige Junge legte ihm die Hand auf die Schulter und fragte: „Geht‘s?“ Alex zögerte und nickte dann beschämt. Er räusperte sich. „Wie krank muss man denn sein, dass man so etwas macht?“, sagte er leise. „Demjenigen muss doch klar gewesen sein, dass da ein Fahrradfahrer volle Pulle in den Draht rast! Zum Glück bin ich recht langsam gefahren.“

„Ja, nicht auszudenken was passiert wäre, wenn du schneller dahergekommen wärst – und vor allem was passiert wäre, wenn du größer gewesen wärst! Der Draht hätte dich am Hals erwischt und gewürgt!“

Alex wurde schon wieder schlecht. Er war für seine elf Jahre zwar relativ groß gewachsen, aber eben nicht so groß wie die 15- oder 16-Jährigen, die normalerweise hier fuhren. Ein Kopf größer und die Sache wäre wesentlich schlimmer ausgegangen!

„Vielleicht ist derjenige, der den Draht gespannt hat, ja noch in der Nähe", flüsterte Alex und spähte nervös zwischen die Bäume und Büsche.
Die beiden Jungen lauschten so angestrengt, dass sie erschrocken zusammenzuckten, als es plötzlich im Laub raschelte.
„Nur eine Maus oder ein Vogel", sagte der Junge ebenfalls im Flüsterton und winkte ab. Und dort unten zwischen den Bäumen? War da was? Alex kniff die Augen zusammen. Nein, nur ein Schatten. Weit und breit war niemand zu sehen.
Der Junge löste den Draht vom Baumstamm, rollte ihn zusammen und hängte sich das Beweisstück an den Lenker. Dann sagte er entschlossen: „Komm, wir müssen das unbedingt melden. Es könnte sein, dass es noch mehr Drähte gibt. Meinst du, du kannst dein Fahrrad den Rest der Strecke schieben? Ich bin übrigens Lukas."
Nachdem Alex und Lukas der Bikepark-Leitung von dem Vorfall berichtet hatten, fackelte diese nicht lange, sondern informierte unverzüglich die Polizei. Wer auch immer diesen Draht gespannt haben mochte – das war bestimmt nicht nur ein dummer Jungenstreich gewesen. Der Anschlag hätte tödlich enden können. Und das musste dem Spinner, der sich das ausgedacht hatte, klar gewesen sein.

Kapitel 3: Spuren

Alex, Linus und Bea kannten sich schon seit der Grundschule. Als sie gemeinsam aufs Gymnasium gewechselt waren, war die Freundschaft noch enger geworden. Obwohl sie inzwischen nicht mehr so viel freie Zeit wie früher hatten, trafen sie sich nachmittags so oft es eben ging.

Manchmal fuhren sie zusammen Fahrrad oder Skateboard, am liebsten aber gingen sie zum Kicken – so auch heute. Linus zog den Reißverschluss seiner Windjacke etwas höher. Trotz frühsommerlichem Sonnenschein wehte ein kühler Wind über den Bolzplatz hinweg.
Alex hüpfte ungeduldig von einem Bein aufs andere und schrie: „He, pass doch mal den Ball rüber!" Linus gab den Ball ab und beobachtete, wie Alex aufs Tor ansetzte. Bea stand im Tor und machte einen konzentrierten Eindruck.
Schuss ... Und abgewehrt! Bea grinste zufrieden und zog ihre Torwarthandschuhe aus.
Linus stieß einen bewundernden Pfiff aus und rief: „Für ein Mädchen gar nicht so schlecht!" Er wusste genau, wie er Bea ärgern konnte. Ihre Augen blitzten giftig und sie zog eine Schnute: „Was heißt hier *für ein Mädchen*?"
Außer dass Bea klein und zierlich war, hatte sie ausgesprochen wenig Mädchenhaftes an sich. Sie mochte weder Kleider noch Röcke, sondern war ausschließlich in Jeans anzutreffen. Zudem hatte sie eine Vorliebe für Krawatten, die sie in allen Farben und Mustern besaß. Meist trug sie einen Männerhut, den sie je nach Laune ins Gesicht gezogen oder frech nach hinten geschoben hatte. Außerdem war sie sehr sportlich und umgab sich meist nur mit Jungs, insbesondere mit Alex und Linus. Wenn sie ihre halblangen braunen Haare unter dem Hut versteckte, wurde sie von fremden Leuten sogar oftmals für einen Jungen gehalten.
Linus lachte und wandte sich Alex zu: „Sag mal, was hat die Polizei denn inzwischen herausgefunden? Haben sie schon einen Verdacht, wer den Draht im Bikepark gespannt haben könnte?"
„Nee, die wissen noch gar nichts. Ich hab mit meinem Onkel gesprochen. Der ist hier in Albstadt Polizist und war bei den Ermittlungen beteiligt. Es gibt leider keine Zeugen. Niemand hat was gesehen. Es war an dem Tag ja auch nicht viel los und die anderen Jungs waren nur auf dem Castle Trail und der Nordschleife unterwegs. Vermutlich war ich

an dem Morgen der Erste, der den Mini DH runter ist. Der Draht wurde sicher schon in der Nacht befestigt.“ Alex rollte den Fußball unter seinem Fuß hin und her. „Ich konnte der Polizei ehrlich gesagt auch nichts sagen, was irgendwie weiterhilft.“

„Gab es denn noch mehr Drahtfallen?“, wollte Linus wissen.

Alex nahm seine Brille ab und wischte sie mit einem Zipfel seines T-Shirts sauber. „Nee, es gab nur die eine. Und in die muss natürlich ausgerechnet ich reinfahren! Die Polizei hat den Draht übrigens genau untersucht. Hat aber auch nichts gebracht. Den kann man in jedem Baumarkt kaufen.“ „Oder im Internet bestellen“, fügte Bea hinzu.

Alex nickte. „Klar ... Und wisst ihr, was auch noch komisch ist? Die Polizisten haben ein Schild gefunden, auf das jemand ‚Lebensgefahr‘ gekritzelt hat! Vielleicht hat das auch der Typ aufgestellt, der den Draht gespannt hat. Das muss man sich mal vorstellen ... Riskiert, dass jemand draufgeht, und stellt dann aber kurz vor der Falle ein Warnschild auf. Wie schräg ist das denn?“

„Blöd, dass du das Schild nicht gesehen hast. Sonst hättest du eventuell noch rechtzeitig bremsen können“, meinte Bea.

„Das Schild war ziemlich klein. Ich hab es jedenfalls vom Fahrrad aus nicht gesehen.“

Linus setzte sich auf den Boden und fing an, Gras zu rupfen. „Du musstest dich bei der Abfahrt wohl eher darauf konzentrieren, nicht auf den nächsten Baum zu donnern. Wer liest in so einer Situation noch irgendwelche Schilder?“

„Eben.“ Alex setzte sich neben ihn, riss ebenfalls einen Grashalm ab und steckte ihn sich zwischen die Lippen. Schweigend saßen sie eine Weile da und rupften Gras, während Bea den Ball abwechselnd auf ihren Füßen balancierte.

Linus betrachtete seinen Freund von der Seite. Er konnte nicht ganz nachvollziehen, weshalb Alex so begeistert vom Dowhill war. Er selbst besaß zwar auch ein Mountainbike und fuhr gerne Rad,

Downhill war ihm allerdings wirklich zu abgefahren. Er hatte die Strecke durch den Wald mal begutachtet und bereits beim Anblick der gepolsterten Bäume ein mulmiges Gefühl bekommen. Nein, das war gewiss nichts für ihn. Obwohl es schon faszinierend war, wenn die Biker über die Rampen bretterten und dabei weite Sprünge durch die Luft machten. So mutig war er allerdings nicht. Da machte er sich auch nichts vor. Für Downhill war er definitiv nicht sportlich genug.

Alex holte ihn aus seinen Gedanken: „Ach, das hätte ich fast vergessen. Die Polizei hat in der Nähe des Drahts einen Fußabdruck entdeckt! Mein Onkel hat mir verraten, dass die Tiefe und Größe des Fußabdrucks darauf schließen lässt, dass der Typ wahrscheinlich recht schwer und groß ist. Außerdem trug er Wanderschuhe mit gutem Profil." Alex spuckte den Grashalm aus. „Das ist aber alles noch geheim. Behaltet das also für euch, okay?"

„Claro que sí!", versprach Bea und hielt die Hand zum Schwur hoch. Manchmal rutschten ihr spanische Wendungen heraus, da ihre Mutter Spanierin war und zu Hause meist Spanisch gesprochen wurde. Das war für Alex und Linus jedoch kein Problem. Sie verstanden den Sinn auch ohne Spanischkenntnisse.

„Und wie geht's inzwischen deinem Nacken und deinem Arm?", erkundigte sie sich. „Ist wieder alles okay." Wie zum Beweis hob Alex seinen Arm in die Höhe und drehte ihn hin und her. „Du kannst froh sein, dass du dich nicht schwerer verletzt hast.", warf Linus ein. Dann sagte er, zu Bea gewandt: „Hier wäre es endlich mal ein Vorteil gewesen, so ein Stöpsel wie du zu sein. Du wärst natürlich locker unter dem Draht durchgekommen." Sein Grinsen reichte von einem Ohr zum andern.

Bea baute sich vor Linus auf. Da er nach wie vor im Gras saß, konnte sie nun von weit oben auf ihn herabsehen: „Hast du Stöpsel gesagt? Pass auf, dass ich dir nicht auf den Kopf spucke! Jedenfalls wehrt der Stöpsel im Tor mehr Bälle ab als du oberschlauer Streber."

Das hatte gesessen. Obwohl Linus eigentlich über die Bemerkung mit einem Grinsen hinweggehen wollte, sanken seine Mundwinkel augenblicklich nach unten. Man durfte ihn alles nennen. Aber nicht Streber. Klar, er war tatsächlich gut in der Schule. Er musste dafür allerdings nicht viel tun. Es fiel ihm einfach leicht, sich die Dinge zu merken. Darauf war er jedoch nicht stolz. War ja nicht gerade cool, wenn man so gut in der Schule war wie er. Das hängte man besser nicht an die große Glocke. Nur in Sachen Technik zeigte er offen, was er konnte. Obwohl er erst elf Jahre alt war, programmierte er bereits Roboter. Egal welches technische Gerät – Linus brauchte nie eine Bedienungsanleitung, er beherrschte die Anwendung eines Gerätes in dem Moment, wenn er es in den Händen hielt. Elektronik, Computer, Robotik, das war seine Welt. Als Technikfreak bezeichnet zu werden, damit konnte Linus leben. Aber ein Streber mochte er nicht sein und so sah er sich selbst auch nicht.

Dass seine technische Begabung in naher Zukunft noch von großem Nutzen sein würde, ahnte er in diesem Moment jedoch nicht einmal selbst.

Als Bea merkte, dass sie Linus stärker gekränkt hatte, als es ihre Absicht gewesen war, lenkte sie schnell wieder ein und klopfte ihm versöhnlich auf die Schulter. Sie wechselte zurück zum eigentlichen Thema: „Alex, wie geht es denn jetzt weiter? Hat dir dein Onkel auch verraten, was die Polizei vorhat? Wie wollen sie den Täter denn finden?" Alex zuckte mit den Schultern. „Ich glaube, die wissen selbst nicht so recht, wie sie im Augenblick weiter ermitteln sollen. Groß und dick sind viele. Und Wanderer mit Wanderschuhen gibt es in Albstadt auch viele, vor allem seit es diese neuen Wanderwege gibt."

„Ah ja, die Traufgang-Wanderungen sind gerade der absolute Renner", unterbrach ihn Linus. „An den Wochenenden wimmelt es inzwischen geradezu von Wanderern. Es gibt sogar einen Wanderweg, der durch

den Bikepark führt. Es ist also ganz normal, dass Wanderer im Bikepark unterwegs sind.“ Er sah Alex zweifelnd an. „Wie soll man da unter all den Wanderern den Drahtfallentäter finden? Ich glaube, es ist ziemlich unwahrscheinlich, dass sie den Typen schnappen.“
„Das wäre echt übel“, sagte Bea missmutig. „Immerhin hat der Typ dich fast umgebracht!“
Alex stand auf. Er sah auf einmal ziemlich besorgt aus. „Außerdem kann es gut sein, dass dieser Irre irgendwo erneut einen Draht spannt. Und dann haut‘s wieder einen Biker vom Rad. Oder es passiert sogar Schlimmeres …“

Kapitel 4: Drei Detektive

Linus sah plötzlich aus, als sei ihm gerade ein Licht aufgegangen: „Was meint ihr – wie wäre es, wenn wir selbst ermitteln? So wie es aussieht, kann die Polizei ein bisschen Unterstützung gebrauchen. Wenn wir nicht möchten, dass der Drahtfallentäter ungeschoren davonkommt, müssen wir selbst was tun. Es könnte sein, dass die Polizisten irgendwelche Spuren übersehen haben.“
„Du meinst, wir sollen eine Detektivbande gründen?“, fragte Alex spöttisch und schob sich einen Kaugummi in den Mund. „So wie die drei Fragezeichen?“
Bea grinste und zuckte mit den Schultern: „So schlecht ist die Idee gar nicht. Ich wollte schon immer mal wie ein Detektiv arbeiten. Das wird garantiert spannend! Aber wie nennen wir uns?“
Alex runzelte die Stirn: „Brauchen wir denn überhaupt einen Namen? Das ist doch irgendwie lächerlich …“ Er wusste nicht so recht, was er

von Linus‘ Idee halten sollte. Kinderdetektive ... Das gab es doch nur in Büchern und Filmen! Womit sollten denn Kinder im wahren Leben ermitteln und Kriminelle jagen? Sie hatten kein Auto für Verfolgungsjagden und natürlich auch keine Waffe, wenn es gefährlich wurde. Andererseits ... Wenn er ehrlich in sich hineinhorchte, dann reizte ihn die Sache doch und eigentlich würde er lieber heute als morgen diesen Verbrecher jagen. Offen zugeben konnte er dies im Moment jedoch noch nicht so richtig.

Bea dagegen war von der Idee begeistert und wenn sie erst einmal an einer Sache Feuer gefangen hatte, war ihr spanisches Temperament nicht mehr zu bremsen.

„Ich hab‘s!“, rief sie und klatschte in die Hände. „Wir überlegen uns einen Namen, der etwas mit unseren Vornamen zu tun hat!“ Linus ließ laut seine Gedanken schweifen: „Lass mich mal überlegen. Linus, Bea, Alex ... Wie wär‘s mit einer Kombination aus unseren Namenssilben ... Libelex zum Beispiel ... nein, Albeli ... oder Nusbelex? Klingt wie ein Schokoriegel. Nein, alles Mist! Wisst ihr was? Wir nehmen nur unsere Anfangsbuchstaben. LBA.“

Alex erwiderte: „Ich glaube, du meinst das LKA. Aber das Landeskriminalamt ist vielleicht doch eine Nummer zu groß für uns. Nein, ich bin für BLA, bla, bla, bla – denn mehr als rumquatschen werden wir eh nicht tun können.“

Bea ignorierte den Kommentar: „Jetzt hab ich‘s wirklich. Das ist die Idee! Wie wär‘s denn mit ALB? Wir sind die ALB-Detektive. Da wir auf der Alb leben, passt das perfekt! Und wenn wir eines Tages berühmt sind, dann weiß gleich jeder neue Auftraggeber, wo wir zu finden sind: Auf der Alb, genauer gesagt in Albstadt.“

„Oh Bea! Was denn für Auftraggeber? Nun mach mal halblang!“ Alex stöhnte. Musste Bea immer gleich so übertreiben? Linus versuchte, ihn zu überzeugen: „Ich find‘ die Idee von Bea gut: Die ALB-Detektive! Warum denn nicht? Komm schon, Alex. So ein bisschen Detektiv spielen macht bestimmt Spaß. Es ist auf jeden Fall besser, als einfach nur zuzusehen, wie der Drahtfallentäter vielleicht bald erneut zuschlägt. Zumindest hast du dann das Gefühl, dich gewehrt zu haben und nicht nur ein hilfloses Opfer zu sein."

Alex verdrehte die Augen. „Von mir aus. Wenn ihr unbedingt wollt! Dann versuchen wir halt mal, noch mehr über die Sache rauszufinden." Ohne dass er es hätte verhindern können, stahl sich ein freudiges Lächeln auf sein Gesicht.

„Auf die ALB-Detektive!", rief Bea feierlich und streckte in Siegerpose den rechten Arm nach oben.

„Auf die ALB-Detektive!", stimmten ihr die beiden Freunde zu. „Und womit beginnen wir?", fragte Alex. „Zuerst gehen wir noch mal alle Strecken des Bikeparks zu Fuß ab und suchen nach weiteren Beweisstücken", schlug Bea eifrig vor und setzte ihren Hut auf. Linus zog ihr den Hut bis über die Augen: „Mit dem Hut siehst du aus wie Sherlock Holmes. Äh nein, doch eher wie Miss Marple!"

Kapitel 5: Fragen über Fragen

Der ersten Begeisterung folgte schnell die enttäuschende Ernüchterung. Gleich am nächsten Tag hatten sich die selbst ernannten ALB-Detektive nach der Schule getroffen und waren sämtliche Wege im Bikepark zu Fuß abgegangen. Sie hatten alle Bäume am Wegesrand abgesucht, nach weiteren Drähten Ausschau gehalten und waren auf der Suche nach Beweisen sogar im Gebüsch herumgekrochen. Aber außer einigen Papiertaschentüchern, einer alten Wanderkarte und einem Kinderhandschuh hatten sie nichts gefunden. Fußabdrücke waren nicht zu sehen, da es in der Nacht davor geregnet hatte und somit sämtliche Spuren, falls überhaupt welche vorhanden gewesen waren, im Schlamm verschwunden waren.

Unverrichteter Dinge kehrten sie zum Bolzplatz zurück. Da man als Detektivbande einen Treff brauchte, hatten sie den „Bolzi“ zu ihrer Zentrale ernannt. In der Regel waren sie die einzigen Kinder auf dem etwas abseits gelegenen Fußballplatz und hatten so ihre Ruhe.

Linus nahm einen Schluck aus seiner Trinkflasche. „Also, die Suchaktion im Bikepark hat leider nichts gebracht“, fasste er zusammen. „Hmm … Wie machen wir jetzt am besten weiter?“ Er kratzte sich am Kopf und man konnte sehen, wie sein Gehirn ratterte. „Wer gehört eigentlich zum Kreis der Verdächtigen?“ Bevor seine Freunde den Mund öffnen konnten, gab er sich selbst die Antwort: „Große, schwere Personen mit Wanderschuhen. Mehr wissen wir nicht. Wir wissen weder, ob der Täter ein Mann oder eine Frau ist, noch wissen wir, was der Grund für die Drahtspannaktion sein könnte. Die Frage ist auch, ob Alex überhaupt das gewünschte Opfer war? Oder war es dem Typen egal, wen es vom Rad haut? Wollte er nur jemanden verletzen oder hatte er vor, denjenigen umzubringen?“

Alex stoppte den Redefluss von Linus mit einem Handzeichen und meinte: „Jetzt mal langsam! Alles der Reihe nach. Die Polizei geht davon aus, dass es höchstwahrscheinlich ein Mann war. Und zwar deshalb, weil es recht unwahrscheinlich ist, dass eine Frau die Schuhgröße 48 hat. Mein Onkel hat mir verraten, dass sie bei der Untersuchung des Drahts festgestellt haben, dass der Draht relativ dünn war. Das kann bedeuten, dass der Täter sein Opfer nur verletzen und nicht umbringen wollte. Sonst hätte er vermutlich einen dickeren oder kantigeren Draht gewählt. Andererseits kann er den Draht auch deshalb so dünn gewählt haben, damit man ihn von Weitem weniger gut erkennen kann.“

„Und wen wollte er verletzen? Dich oder einen anderen bestimmten Biker? Oder einfach irgendeinen Biker?“, fragte Bea und spielte gedankenverloren mit ihrer Krawatte herum. Alex machte eine Kaugummiblase und ließ sie dann platzen. „Wer sollte mich schon aus dem Weg räumen wollen? Ich hab doch keine Feinde. Na ja, von Frau Schumacher mal abgesehen. Die hat mich in Französisch dermaßen auf dem Kieker! Aber ich kann mir nicht vorstellen, dass sie deshalb nachts durch den Wald die Piste hochkraxelt und für mich Drähte spannt.“

Frau Schumacher war die strengste Lehrerin an der Schule und alles andere als beliebt. Bei der Vorstellung, wie ihre Lehrerin in Rock und Stöckelschuhen im Bikepark herumwerkelte, brachen alle drei in schallendes Gelächter aus.

Linus hatte sich als Erster wieder beruhigt: „Ich glaube, dass es der Täter weder auf Alex noch auf einen anderen ihm bekannten Radfahrer abgesehen hatte. Er konnte ja gar nicht wissen, wer an diesem Morgen zuerst diese Route befahren würde. Das hätte wirklich jeden treffen können. Nein, derjenige hat wohl allgemein etwas gegen Mountainbike-Fahrer. Aber warum?“

„Oder er hat was gegen die Besitzer des Bikeparks und möchte denen schaden“, gab Bea zu bedenken.

„Dann sollten wir mit dieser Spur beginnen. Ich kenne ja Tom, den Lehrer vom Anfänger-Kurs. Der gehört zur Bikepark-Leitung. Ich frag ihn mal, ob es in letzter Zeit irgendwelche Streitereien oder Probleme gab. Vielleicht hat er auch eine Idee, wer dem Bikepark schaden möchte“, schlug Alex vor. Linus nickte zustimmend: „Und ich durchforste das Internet nach Berichten über den Bikepark.“

Kapitel 6: Albstadt Bike Marathon

Am folgenden Wochenende befand sich ganz Albstadt im Ausnahmezustand: Der legendäre Albstadt Bike Marathon fand statt. Es war das größte Ereignis für Mountainbiker in der Region. 2500 Teilnehmer fuhren auf einer Strecke von 83 Kilometern rund um Albstadt und mussten dabei 2000 Höhenmeter bewältigen. Wer den Marathon unter 6 Stunden schaffte, bekam das begehrte Finisher-Shirt und konnte zu Recht stolz auf sich sein.

Viele Straßen waren gesperrt, für Autofahrer gab es kaum ein Durchkommen, da die Route an allen neun Teilgemeinden von Albstadt vorbeiführte. Daran störten sich die Einheimischen allerdings wenig, denn wer ein echter Albstädter war, der nahm an dem Ereignis mit Kind und Kegel teil und stand am Straßenrand. Unter ungefähr 15000 Zuschauern standen auch die ALB-Detektive und feuerten die Radfahrer an. Obwohl es regnete, herrschte eine regelrechte Volksfeststimmung. Die Leute schrien, klatschten, pfiffen und reichten den Radfahrern im Vorbeifahren Bananen oder Getränke.

Alex und Linus schrien „Hopp, hopp, hopp!“, während Bea wie wild fotografierte. Damit ihr Fotoapparat nicht nass wurde, hatte sie einen aufgespannten Regenschirm in ihren Rucksack gesteckt, der sie halbwegs vor dem Regen schützte. Als gerade keine Radfahrer vorbeifuhren, wandte sie sich an Alex: „Hast du denn inzwischen mit diesem Tom gesprochen?“

„Ja, aber er konnte sich an keinen Streit in letzter Zeit erinnern. Er meinte, der Bikepark hätte keine Feinde. Es hätte auch bei der Gründung des Bikeparks keine Bürgerproteste wie bei manchen anderen Bikeparks gegeben. Er kann sich den Vorfall mit dem Draht überhaupt nicht erklären. Seiner Meinung nach war das die Tat eines Verrückten.“

Linus zog die Augenbrauen hoch: „Na ja, es gab zwar keine Proteste, aber ganz so unproblematisch, wie die tun, ist die Sache mit dem Bikepark auch nicht. Ich hab im Internet nämlich einige interessante Seiten gefunden. Die Anwohner zum Beispiel, die an der Straße zum Lift wohnen, haben sich sogar über die Presse öffentlich beschwert. Seit der Lift auch im Sommer benutzt wird, fahren anscheinend so viele Autos über die Straße dort, dass man inzwischen riesige Schlaglöcher im Straßenbelag hat. Außerdem parken die Liftbenutzer kreuz und quer alles zu und lassen überall ihren Müll liegen. So ein verärgerter Anwohner hätte durchaus einen Grund, gegen den Bikepark vorzugehen." „Dann sollten wir die Anwohner unter die Lupe nehmen", schlug Bea vor.

„Vielleicht. Aber hör zu. Ich hab da nämlich noch was anderes rausbekommen. Und das finde ich noch interessanter." Linus holte tief Luft, bevor er fortfuhr. „Es gibt einige Leute, die sich einmal im Monat treffen und sich darüber austauschen, wie man den Fahrradtourismus und den Umweltschutz unter einen Hut bekommen kann. Das ist so 'ne Interessengemeinschaft. Sie wollen durchsetzen, dass die Fahrradfahrer nicht noch mehr Wege im Wald benutzen dürfen." „Und was für Leute treffen sich da in der Interessengemeinschaft?", fragte Alex nach.

„Das ist unterschiedlich. Naturschützer zum Beispiel. Die wollen keine Fahrradwege in der Nähe von Biotopen. Soweit ich weiß, sind auch einige Förster und Jäger dabei. Die werfen den Fahrradfahrern vor, dass sie das Wild im Wald erschrecken und die Wege mit ihren Rädern kaputt machen. Und dann sind da noch die Leute vom Wanderverein, die auf der Zwei-Meter-Regelung bestehen."

„Was ist denn eine Zwei-Meter-Regelung?", unterbrach ihn Alex.

Linus klärte ihn auf: „Es gibt ein Gesetz, das das Radfahren auf Wegen mit unter zwei Metern Breite verbietet. Das gilt natürlich nicht für die Waldwege von Bikeparks."

„Hab ich noch nie gehört."

„So wie dir geht es noch mehr Radfahrern. Viele Leute kennen diese Regelung gar nicht und fahren trotzdem auf schmaleren Wegen mit

ihrem Rad. Außerdem gibt es keine Kontrollen durch die Behörden. Wie will man das auch kontrollieren? Inzwischen gibt es allerdings auch Mountainbikevereine, die gegen die Zwei-Meter-Regelung kämpfen. Die sagen, dass es gar nicht stimmen würde, dass die Fahrradfahrer die Wege kaputtmachen."
Alex staunte: „Wow, na wenn das keine Rivalität zwischen Radfahrern und Wanderern ist! Leute, wir haben endlich eine Spur! Da hast du aber viel rausgefunden, Linus." Er versetzte seinem Freund einen so herzhaften Schlag auf den Rücken, dass dieser fast vornüber kippte. „Großes Lob!"
Linus lächelte geschmeichelt. Komplimente gab es von Alex selten.
Bea trat ungeduldig von einem Bein auf das andere: „Sagt mal, wo bleiben denn eigentlich die nächsten Radler? Da tut sich ja gar nichts. Ich warte hier die ganze Zeit mit der Kamera im Anschlag und niemand kommt. Das ist doch nicht normal! Irgendetwas stimmt da nicht."
Alex und Linus waren so in ihrem Gespräch vertieft gewesen, dass ihnen gar nicht aufgefallen war, dass schon viel zu lange keine Radler mehr vorbeigekommen waren. Das war gewiss nicht normal!

Kapitel 7: Der Fußabdruck

Angestrengt schauten sie in die Richtung, aus der die Radfahrer kommen mussten. Nichts. Weit und breit war kein Fahrrad zu sehen. So langsam wurde es kalt im Regen, vor allem wenn es nichts zu tun gab und man nur dumm herumstand.
Aus fünf Minuten wurden zehn Minuten. Immer noch keine Radfahrer in Sicht. Auch die anderen Zuschauer wurden derweil ungeduldig und

einige marschierten los, um den Radlern entgegenzulaufen. Doch plötzlich schrie Bea: „Da! Da kommen sie!“ Nun sahen es auch die Jungs. Eine große Gruppe von Radfahrern kam in beachtlichem Tempo angesaust. Sowohl die Räder als auch die Radler selbst waren von oben bis unten schlammverkrustet. Sogar die Gesichter waren mit Schlamm verspritzt. Die Radfahrer blickten finster drein, wenn nicht gar wütend. Bei der Versorgungsstation stoppten sie.

Die ALB-Detektive liefen schnell hinterher, um herauszubekommen, was vorgefallen war. Als sie ankamen, hörten sie, wie ein Mann völlig außer Puste erzählte: „Ich bin mit dem Peter und dem Karle im Team gefahren. Dann lag da plötzlich ein riesiger Ast mitten auf dem Weg. Peter konnte nicht mehr ausweichen und ist gestürzt. Der Karle konnte auch nicht mehr rechtzeitig bremsen und ist dann aufs Rad vom Peter aufgefahren. Den Karle hat's dann in großem Bogen durch die Luft geschleudert. Über den Peter drüber. Ich hab dann den anderen hinter uns entgegengeschrien, dass sie bremsen sollen. Wir mussten erst mal mit dem Handy die Sanitäter rufen. Ich glaub der Karle hat sich an der Schulter verletzt. So eine granatenmäßige Sauerei! Den Ast hat bestimmt jemand mit Absicht auf den Weg gelegt! Was für ein Volldepp war das denn?“ Er schüttelte verärgert den Kopf. „So, jetzt muss ich weiter. Hab schon genug Zeit verloren!“ Er nahm noch einen Schluck Wasser, schwang sich auf seinen Sattel und trat in die Pedale.

Bea riss die Augen auf und raunte: „Habt ihr das gehört? Es gab schon wieder einen Anschlag! Das gibt's doch nicht! Los, ab zur Unfallstelle! Wahrscheinlich ist der Täter noch in der Nähe!“ Mit diesen Worten zog sie ihren Schirm aus dem Rucksack, klappte ihn zusammen und düste los. Alex und Linus rannten hinterher, hatten jedoch Mühe, Beas Vorsprung einzuholen. Die Unfallstelle war nicht schwer zu finden. Man konnte deutlich die Spuren der gestürzten Räder im Schlamm erkennen. Den Ast hatte man inzwischen an den Fahrbahnrand geschoben.

Linus hielt sich leicht gebeugt die Seite und versuchte, wieder zu Atem zu kommen. Wenn er beim Rennen nur nicht immer so schnell Seitenstechen bekäme!

Alex und Bea durchsuchten bereits die Umgebung. Der Täter war freilich schon über alle Berge. Das war im Grunde klar gewesen. Aber möglicherweise gab es ja eine Spur, die er hinterlassen hatte. Linus betrachtete die Abdrücke im Schlamm etwas näher. Deutlich konnte man die Reifenprofile der Fahrräder erkennen. Etwas abseits des Weges entdeckte er einige tiefe Fußspuren mit auffälligem Muster. Es waren ziemlich große Schuhe gewesen …

„Alex, Bea, kommt mal schnell her! Ich glaub, ich hab was gefunden! Was meint ihr dazu?" Die ALB-Detektive waren sich schnell einig. Es war recht wahrscheinlich, dass dies die Fußabdrücke des Übeltäters waren. Und wer weiß? Womöglich stimmten die neuen Fußabdrücke mit denen des Drahtfallentäters überein? Das konnte aber nur die Polizei bestätigen. Alex wurde ganz aufgeregt: „Ich ruf sofort meinen Onkel auf dem Handy an. Ich hab ihn vorhin gesehen. Er steht gar nicht weit von hier in der Nähe der Versorgungsstation und schaut zu. Bis er kommt, bewachen wir so lange die Fußabdrücke. Nicht, dass da noch irgendein Radfahrer durchfährt und die Beweise futsch sind. Bea, spann du deinen Schirm drüber, sonst werden die Spuren noch vom Regen weggespült."

Alex' Onkel war wenig begeistert, dass ihn sein Neffe für irgendwelche Detektivspielchen vom Zuschauerrand wegrief. Er trug Gummistiefel und hatte die Kapuze seiner Regenjacke so dicht um seinen Kopf festgezurrt, dass nur noch seine Augen, Nase und Mund zu sehen waren. Haare, Stirn und Kinn verschwanden gänzlich unter der Kapuze. Obwohl sein Onkel in diesem Aufzug durchaus komisch aussah, war Alex nicht nach Lachen zumute. Die starren Augen und der zusammengekniffene Mund seines Onkels sprachen eine eindeutige Sprache. Verärgert nahm er Alex an den Schultern und musterte ihn streng: „Alex, was soll das Ganze? Ich wollte mir in Ruhe das Rennen anschauen. Ich hoffe, du kannst mir einen guten Grund nennen, weshalb ich hierher kommen sollte!"

Als die drei ihm dann jedoch aufgeregt von dem Unfall berichteten und den Ast sowie die Fußabdrücke zeigten, betrachtete er diese genau, nickte und sagte dann wesentlich freundlicher: „Gut, dass ihr mich gleich gerufen habt. Die Fußabdrücke sehen tatsächlich ähnlich wie der aus, den wir im Bikepark gefunden haben. Das muss aber die Spurensicherung überprüfen. Inzwischen wird der Anschlag im Bikepark und alles, was damit zu tun hat, ja vom Landeskriminalamt bearbeitet. Ich werde die Sache gleich weiterleiten. Könntet ihr die Fußabdrücke bewachen, bis die Kollegen da sind und das Gebiet absperren?"

Dazu waren die drei ALB-Detektive allemal gerne bereit. Sie würden die Fußabdrücke bewachen und keinen Zentimeter weichen, bis die Polizei da war. Vielleicht bot sich dadurch die Chance, Informationen aus erster Hand zu bekommen!

Leider war dem nicht so.

Sobald die Polizei eingetroffen war, wurden sie mit einem „Dankeschön, ihr könnt jetzt gehen!" weggeschickt. Völlig durchnässt, frierend und ziemlich enttäuscht gingen sie nach Hause. Sie mussten sich also noch eine Zeit lang gedulden, bis sie bei der nächsten Gelegenheit Alex' Onkel neue Informationen aus der Nase ziehen konnten. Aber falls der Täter aus dem Bikepark wieder zugeschlagen hatte, dann war dies vermutlich nicht das letzte Mal und es blieb zu befürchten, dass er irgendwann einen weiteren Anschlag durchführen würde. Sie blieben auf jeden Fall an der Sache dran.

Kapitel 8: Der Plan

Es dauerte ein paar Tage, bis Alex eine gute Gelegenheit fand, seinen Onkel nach den Ergebnissen der Spurensicherung zu fragen. Dieser wollte erst gar nicht damit rausrücken, da die Untersuchungen geheim waren. Alex schaffte es dann aber doch, ihm eine Information zu entlocken: Die neuen Fußabdrücke stimmten mit dem Abdruck im Bikepark überein. Na also!

Eilig verabschiedete er sich von seinem Onkel und trommelte aufgeregt die ALB-Detektive zusammen. Als er zum Bolzi kam, waren Linus und Bea schon da.

Bea rief schon von Weitem: „Hi Alex! Na das ist ja der Hammer! Es war also echt wieder unser Drahtfallentäter!“ Als Alex nähergekommen war, sagte sie kopfschüttelnd: „Der spannt also nicht nur Drähte, sondern hat noch mehr Ideen auf Lager. Wer weiß, was er sich als Nächstes einfallen lässt! Wir müssen den Typen schnellstens finden.“

Linus fischte einen zusammengefalteten Zettel aus der Hosentasche: „Schaut mal, ich bin im Internet nochmal auf die Seite dieser Interessengemeinschaft gegangen. Die treffen sich jeden ersten Freitag im Monat um 18 Uhr im Bürgerturm in Ebingen. Wir könnten das Treffen vom Bürgerturmplatz aus beobachten und schauen, wer da so aufkreuzt. Es ist zumindest eine Chance, oder?“

Alex und Bea waren sofort einverstanden. Endlich konnten sie mit ihren Ermittlungen loslegen!

Bea dachte auch gleich einen Schritt weiter: „Alex, du bist der schnellste Radfahrer von uns dreien. Falls wir den Täter wirklich am Bürgerturm antreffen, verfolgst du ihn dann mit dem Fahrrad, wenn er die Veranstaltung wieder verlässt. Wir müssen herausfinden, wo er wohnt und wer er ist. Traust du dir zu, ihn unauffällig zu verfolgen?“

Alex runzelte die Stirn: „Na ja, das kommt natürlich darauf an, ob er in

der Nähe wohnt. Aber gut, versuchen kann ich es."
Beas Gesicht hellte sich auf. Sie hatte noch eine Idee: „Ich könnte Fridolin zum Bürgerturm mitnehmen! Der ist ein super Spürhund und kann die Fährte aufnehmen." Bea war von der Vorstellung, dass ihr Dackel ein „Spionhund" werden würde, offensichtlich äußerst angetan.
Als Alex ihre Begeisterung sah, traute er sich kaum zu widersprechen. Er konnte den braunen Langhaardackel nicht besonders leiden. Und das beruhte wohl auf Gegenseitigkeit. Fridolin bellte ihn nach wie vor drohend an, wenn sie sich begegneten. Und das, obwohl sie einander nun schon seit ein paar Jahren kannten. Zudem war er ein Angstbeißer, der manchmal nach fremden Leuten schnappte. Da Alex wenig Erfahrung mit Hunden hatte, stärkte das nicht gerade sein Vertrauen in den Dackel. Fridolin hatte nie eine Hundeschule besucht und machte einfach, was er wollte. Bea allerdings liebte ihren Dackel mit all seiner Sturheit und Eigensinnigkeit. Sie entschuldigte sein ungezogenes Verhalten damit, dass Fridolin eben ein Hund mit Charakter sei. Was auch immer das heißen sollte.
Alex überlegte, wie er ihr die Sache mit dem Dackel wieder ausreden konnte. Er musste seine Worte mit Bedacht wählen, wenn er sie nicht verärgern wollte. „Ja, Fridolin ist bestimmt ein guter Spürhund, aber …" Verunsichert hielt er inne. Bea hatte bereits eine Augenbraue hochgezogen. „Äh", fuhr er fort, „aber, aber zum Bürgerturm würde ich ihn nicht unbedingt mitnehmen. Da sind zu viele Leute. Wenn er rumbellt, fallen wir megamäßig auf. Das ist nicht gut." Beas Mundwinkel sanken augenblicklich nach unten. Er versuchte es mit einem versöhnlichen Lächeln, doch Bea lächelte nicht zurück. Deshalb fügte er schnell noch hinzu: „Du kannst ihn ja irgendwann zu einer Aktion mitnehmen, bei der weniger Menschen drum herum sind."
„Mal sehen." Bea war beleidigt. Kein Zweifel. Trotz der sorgsam gewählten Worte. Nun ja. Hauptsache, der Dackel würde kein Theater veranstalten und ungewünschte Aufmerksamkeit erregen, dachte sich Alex. Seine

Aufgabe, den Verdächtigen mit dem Fahrrad zu verfolgen, würde schon ohne Dackel schwer genug werden. Und Bea würde sich bestimmt wieder einkriegen.

Kapitel 9: Auf der Lauer

Die Wasserfontänen spritzten in unregelmäßigen Abständen in die Höhe. Einige kleinere Kinder rannten kreischend durch das Wasserspiel und versuchten, dabei nicht nass zu werden. Die ALB-Detektive saßen auf einer Bank und beobachteten das wilde Treiben der Kleinen. Zumindest taten sie so. In Wirklichkeit hatten sie stets ein aufmerksames Auge auf die Treppe, die zu dem runden Bürgerturm hinaufführte.

Kurz vor 18 Uhr kamen die ersten Leute. Frauen waren logischerweise uninteressant. Auch schlanke Männer schieden von Anfang an aus.

„Da. Da kommt ein dicker Mann!"

„Nee, Bea. Der ist viel zu klein. Der hat niemals Schuhgröße 48!", stellte Linus klar.„Und der da? Der ist enorm groß! Und wie unfreundlich der aussieht … Der Typ könnte es doch sein!", machte Bea einen zweiten Versuch. Alex war anderer Ansicht: „Der ist nicht dick genug. Er hat zwar einen Bierbauch, aber sonst ist er recht schlank. Nein, ich glaub nicht, dass das … Haaatschi! Haaatschi! Haatschi! … unser Mann ist. Oh nein, jetzt bekomme ich auch noch Heuschnupfen! Das ist ja klasse – ein Detektiv mit Nies-Attacken!"

Linus konnte sich ein Lachen nicht verkneifen. „Zumal du in der Regel immer dreimal nacheinander niesen musst. Ich find' das echt witzig. Ich kenn' sonst niemanden, bei dem das so ist." Vorsichtshalber machte

er mit seinem Handy ein Foto von dem Mann, tat aber so, als würde er das Wasserspiel fotografieren. „Die Frage ist, ob der Typ überhaupt bei dieser Interessengemeinschaft …", Alex hielt inne, „hey, schaut euch mal den an. Also, wenn das nicht unser Täter ist, fress' ich einen Besen!"
Auch Linus und Bea waren schlagartig in Alarmbereitschaft. Linus zückte sein Handy, machte unauffällig ein Foto von dem Mann und flüsterte: „Männlich, groß, dick und grimmiger Gesichtsausdruck. Leute, das ist unser Mann. Hundertpro!"
„Und die Wanderschuhe? Er trägt keine Wanderschuhe", gab Bea zu bedenken. Alex winkte ab: „Wir sind hier doch in der Stadt. Wer läuft hier schon in Wanderschuhen rum? Viel wichtiger ist die Größe der Füße. Das sind ja wahre Boote. Das ist er! Ganz sicher!" Als ihm bewusst wurde, dass dies der Mann war, der ihn fast umgebracht hatte, spürte er, wie eine kalte Wut von ihm Besitz ergriff. Er ballte die Fäuste und zischte: „Das ist er also. Dieser Idiot. Am liebsten würde ich zu dem hingehen und ihm meine Meinung sagen … Oder noch besser – ihm eine reinhauen!" Linus legte Alex beruhigend eine Hand auf die Schulter. „Dann würdest du aber verraten, dass wir an ihm dran sind. Und wir wüssten erst recht nicht, wo er wohnt."
Nun hieß es warten. Die drei ALB-Detektive wussten, dass Warten und Beobachten zu den Aufgaben eines Detektivs dazugehörte. Allerdings war dies eine Aufgabe, die bestimmt nicht zu ihrer Lieblingsbeschäftigung werden würde. Eine Stunde Warten, das konnte ziemlich lang sein. Alex sah sich auf dem Platz um. Einige Leute saßen auf der Terrasse eines angrenzenden Cafés, Autos fuhren aus einer Tiefgarage aus und ein, Jugendliche belegten die Bänke und unterhielten sich, Fußgänger passierten mit Einkaufstüten den Platz. Nichts Spannendes. Trotzdem spürte Alex mit zunehmender Wartezeit eine gewisse Nervosität in sich aufsteigen. Sie suchten hier den Drahtfallentäter, einen Verbrecher! Und er hatte nachher die Aufgabe, ihn unauffällig mit dem Fahrrad zu verfolgen. Was, wenn er bei der Verfolgung den Sichtkontakt verlor?

Was, wenn der Typ mit dem Auto gekommen war? Was, wenn sich der Mann umsah und bemerkte, dass er verfolgt wurde? Es war möglich, dass der Typ ihn dann zur Rede stellen und wütend werden würde. Womöglich würde er ihn sogar angreifen! Schließlich war der Gesuchte nicht nur ein Verbrecher, sondern beinahe ein Mörder. Die Sache war nicht ganz ungefährlich. Alex war gerade dabei, sich zu überlegen, ob das mit der Verfolgung per Fahrrad letzten Endes so eine gute Idee war, als sich die Tür öffnete und die ersten Leute wieder aus dem Turm herauskamen. Nun machten sie einen zufriedeneren Eindruck, unterhielten sich noch auf der Treppe, lachten. Dann kam auch der dicke große Mann heraus. Er verabschiedete sich von einer Frau mit Handschlag und ging dann zügig über den Platz. Nichts wie hinterher! Die ALB-Detektive hefteten sich an seine Fersen und versuchten, dabei einen Sicherheitsabstand zu lassen, der groß genug war, um nicht von ihm entdeckt zu werden, aber nahe genug dran, um den Mann nicht zu verlieren. Alex schob sein Rad neben seinen Freunden her. Vielleicht brauchte er es ja gar nicht. Wo der Mann jetzt wohl hinging? Wohnte er hier in Ebingen? Okay, hier wohnte er sicherlich nicht! Er ging zur Eisdiele Venezia. Die ALB-Detektive warteten in gebührendem Abstand. Als er wieder aus der Eisdiele herauskam, hatte er ein großes Spaghetti-Eis in den Händen. „Kein Wunder ist der so dick!“, dachte sich Bea und fühlte gleichzeitig ihren Magen grummeln. Spaghetti-Eis war auch ihr Lieblingseis. Aber Eis essen kam gerade wohl kaum infrage. Der Dicke ging gemächlich weiter und aß das Eis nebenher. Bald darauf gelangte er auf einen Parkplatz und öffnete mit der Fernbedienung einen schwarzen Geländewagen. Alex fluchte innerlich: „Mist, Mist, Mist. Er ist mit dem Auto da! Wie soll ich ihn denn da nur verfolgen? Mit dem Fahrrad! Der hat mich nach ein paar Sekunden abgehängt!“
Linus erriet seine Gedanken und beeilte sich, ihn zu ermutigen: „Alex, einen Versuch ist es wert. Gib alles was du kannst. Und wenn er dich doch abhängt, finden wir eben eine andere Lösung.“

Kapitel 10: Verfolgungsjagd

Der Mann startete den Motor des Geländewagens und fuhr im Schritttempo über den Parkplatz. Alex atmete ein paar Mal tief durch. Gleich würde er seine ganze Puste brauchen, da war er sich sicher. Auch er machte sich startbereit: „Habt ihr eure Handys laut gestellt?"
Linus und Bea nickten. „Wir drücken dir die Daumen. Und sei vorsichtig!" Bea umarmte Alex kurz. Als er sich auf sein Rad schwang, fühlte er sich zumindest ein klein wenig zuversichtlicher. Seine Freunde standen hinter ihm. Egal was passierte. Oh, es ging los!
Der Geländewagen bog links ab. Alex musste von Anfang an kräftig in die Pedale treten, um an dem Wagen dranzubleiben. Wenn das so weiter ging … Aber da kam der erste kleine Stau am Kreisverkehr. Alex war froh über die Verzögerung. So konnte er sich von dem ersten Sprint etwas erholen, bevor es weiterging. Der Geländewagen fuhr in Richtung Truchtelfingen weiter. Nun kam leider eine kurze Strecke, auf der 80 km/h erlaubt waren. Verflucht nochmal! Wie sollte er es da schaffen, den Geländewagen nicht aus den Augen zu verlieren?
Treten, treten, treten. Alex schaltete noch einen Gang höher und raste, so schnell er konnte. Ein E-Bike wäre jetzt nicht schlecht! Oder ein Peilsender! Es hing alles von ihm und seiner Kondition ab. Die Oberschenkel schmerzten ihm bereits. Und wo war der Geländewagen? Verdammt! Trotz aller Strampelei war er nicht mehr in Sichtweite. Hoffentlich, hoffentlich bog er nicht ab! Aber Alex hatte nochmals Glück. Er holte den Geländewagen am nächsten Kreisverkehr tatsächlich ein. Und von da an ging es langsamer weiter. Alex wusste nicht, weshalb es sich schon wieder staute. Vermutlich war eine Baustelle oder auch ein Unfall der Grund. Wie auch immer. Vorübergehend konnte er dem Geländewagen in gemütlichem Tempo folgen.
„Hatschi! Hatschi! Haaatschi!" Alex schniefte. Auch das noch!

Der Mann fuhr den Talgang entlang. Talgang nannte man in Albstadt die Hauptstraße, die durch die einzelnen Teilorte führte. Wenn man einmal im Talgang im Stau feststeckte, gab es in der Regel keine Möglichkeit zum Ausweichen. Der gesamte Verkehr musste durch dieses Nadelöhr, eine Parallelstraße oder sonstige Ausweichrouten gab es nicht. In Tailfingen angelangt, bog der Geländewagen nach einer Weile rechts ab. Schließlich erreichten sie die Panoramastraße. Der Wagen hielt vor einer alten Villa und ein Garagentor öffnete sich wie von selbst.

Alex blieb in ausreichendem Abstand mit seinem Rad stehen. „Haaatsch– “ Schnell hielt er sich mit zwei Fingern die Nase zu und unterdrückte mühevoll eine weitere Nies-Attacke. Nicht jetzt! Er spähte zur Villa hinüber. Aha. Hier lebte also der Drahtfallentäter. Alex hatte es geschafft! Sie würden den Typen kriegen. Nun war er dran! Alex beobachtete noch, wie der Mann in die Garage einparkte, dann rief er Linus auf dem Handy an: „Linus, ich hab ihn! Der Typ wohnt in einer Villa in der Panoramastraße in Tailfingen."

„So weit musstest du fahren? Du Armer! Aber klasse, dass du an ihm dran geblieben bist! Bea, er hat die Adresse von dem Typen!" Linus klang begeistert. „Hör mal. Ich muss dringend nach Hause. Die Verfolgungsaktion hat länger gedauert als gedacht. Es wird schon dunkel und meine Eltern werden sich bestimmt fragen, wo ich bleibe. Wir sehen uns ja morgen in der Schule und können da alles besprechen, okay?"

„Klar. Dann bis morgen. Gute Arbeit, Alex!" Linus beendete das Gespräch. Alex war ebenfalls mit seinem Erfolg zufrieden. Jetzt mussten sie den Verdächtigen nur noch beobachten und ihn dann auf frischer Tat ertappen, wenn er wieder etwas gegen irgendwelche Radfahrer im Schilde führte. Jetzt aber schnell ab nach Hause!

Kapitel 11: Dackel contra Drohne

Endlich große Pause! Die ALB-Detektive hatten ungeduldig das Ende der Mathestunde herbeigesehnt, um eine Lagebesprechung abzuhalten. Sie verzogen sich in eine ruhige Ecke des Schulhofs.

Linus nahm einen Schluck aus seiner Wasserflasche und meinte dann: „Der Typ ist bestimmt noch berufstätig. So alt sieht der noch nicht aus. Ich schätze ihn auf Mitte 50. Und wenn er unter der Woche arbeitet, dann kann er die Drahtspannaktionen ja nur am Wochenende durchführen, oder?“ „Na, oder nach der Arbeit unter der Woche. Vermutlich spannt er die Drähte sogar eher nachts. Wobei – die Astblockade beim Bike Marathon hat er am helllichten Tag aufgebaut. Das war eigentlich ziemlich riskant. Da hätte doch jederzeit ein Radler oder auch ein Zuschauer um die Ecke kommen können, während er den Ast auf die Fahrbahn gezerrt hat“, überlegte Bea. Alex dachte eine Weile nach und schob mit der Schuhspitze einen Stein hin und her. „Oder er hatte einen Helfer, der ihn bei Gefahr gewarnt hätte. Haatschi! Haatschi!“

Linus schaute ihn verwundert an: „Was? Nur zweimal?“

„Haatschi!“

Linus lachte. „Na bitte!“ „Unser Problem ist jedenfalls, dass wir neben der Detektivarbeit leider noch einen Nebenjob als Schüler haben“, gab Bea zu bedenken. „Das bedeutet morgens Schule, nachmittags Hausaufgaben. Wann sollen wir denn da den Drahtfallentäter beobachten? Dafür ist gar keine Zeit! Und ich glaube nicht, dass unsere Eltern damit einverstanden sind, dass wir abends oder nachts auf Verbrecherjagd gehen.“ „Bea, wir können den Mann schlecht bitten, seine Anschläge nur noch in den Ferien durchzuführen. Und logisch können wir den Typen nicht rund um die Uhr beobachten. Das ist klar.“ Alex war genervt.

Linus, der die ganze Zeit auf der Lehne einer Bank gesessen hatte, stand plötzlich auf und rief: „Ich glaub, ich hab die Lösung. Warum bin ich da nicht schon früher drauf gekommen? Es gibt eine Kamera, die sowohl den Tailfinger Schlossberg als auch den Liftparkplatz nonstop filmt. Die ist eigentlich dafür da, dass man im Internet das Wetter am Schlossberg überprüfen kann. Das ist perfekt für uns! Damit kann ich kontrollieren, ob und wann der Geländewagen von unserem Drahtfallentäter auf dem Parkplatz steht. Wenn er dann tatsächlich da ist, müssten wir allerdings richtig schnell sein, alles stehen und liegen lassen und zum Schlossberg düsen."

„Aber dann ist der schon wer weiß wo langgestapft. Wie sollen wir ihn denn finden? Bis wir dort sind, hat der Typ einen mega Vorsprung." Bea knüllte ihre Vespertüte zu einem Ball und versuchte, damit den Mülleimer zu treffen. Daneben.

Linus grinste und setzte zum Vortrag an: „Ich hab mir das so vorgestellt: Ich überprüfe die Webcam regelmäßig von meinem Smartphone aus. Falls der Geländewagen auf dem Parkplatz steht, schnappen wir unsere Räder und fahren so schnell es geht hin. Dort angekommen, lasse ich dann meine Drohne kreisen."

„Du hast eine Drohne? Eine echte Drohne?" Bea machte große Augen.

„Klar. Die hab ich zum Geburtstag bekommen. Sie hat eine eingebaute Videokamera, mit der ich zeitgleich beobachten und filmen kann. So wissen wir genau, wo der Mann gerade ist." „Dann könnten wir ihn ja einfach vom Parkplatz aus überwachen", fiel ihm Alex ins Wort.

„Nein, natürlich müssen wir trotzdem hinterher. Die Reichweite der Drohne ist begrenzt. Aber zumindest können wir mit ihrer Hilfe genügend Abstand zu ihm halten. So kann der Typ uns auf keinen Fall entdecken und zudem können wir ihn bei der Tat filmen und haben dann sogar Beweisaufnahmen gegen ihn in der Hand. Das ist genial, gell?" Es war Linus anzusehen, dass er auf den Plan, den er ausgetüftelt hatte, richtig stolz war. Bisher hatte er mit der Drohne nur langweilige Wiesen aus der Vogelperspektive gefilmt. Oder mal seine Schwester in

ihrem Zimmer ausspioniert. Jetzt aber hatte er einen wichtigen Auftrag. Endlich konnte er die Drohne wirklich sinnvoll nutzen.
In dem Moment klingelte es zur nächsten Stunde. Alex nickte seinen Freunden zu: „Klingt gut, oder Bea?"
„Ja, so könnte es echt gehen. Aber ich sag euch was: Ich nehme auf jeden Fall Fridolin mit. Falls deine Drohne versagt, dann kann er immerhin noch die Spur aufnehmen. Ihr braucht gar nicht so zu schauen. Fridolin ist ein super Spürhund. Außerdem kann er uns notfalls auch verteidigen. Also kommt. Wir müssen rein!"
Alex und Linus sahen einander schulterzuckend an. Sie kannten Bea gut genug um zu wissen, dass sie in dieser Sache keinen Millimeter nachgeben würde. Also Beschatten mit Dackel! Wenn das mal gut ging …

Kapitel 12: Webcam-Spionage

Die Tage vergingen und nichts geschah. Linus überprüfte bei jeder Gelegenheit die Webcam. Der schwarze Geländewagen des Drahtfallentäters war jedoch nicht zu sehen. Überhaupt war so gut wie nie irgendein Besucher auf dem Parkplatz zu sehen. Vielleicht lag es ja am Dauerregen. Aber ließ sich ein Verbrecher tatsächlich von schlechtem Wetter abhalten? Das Wochenende rückte näher. Bereits am Freitagnachmittag änderte sich das Bild und der Parkplatz füllte sich mit den Autos von Bikern aus der näheren Umgebung. Den gesuchten Geländewagen konnte Linus darunter nicht entdecken.
Am Samstag schien endlich wieder die Sonne und die Temperatur kletterte auf angenehme 23 Grad. Das perfekte Wetter für einen Ausflug.

So dachten auch Linus‘ Eltern, die nicht verstanden, weshalb sie ihren Sohn beim besten Willen nicht überreden konnten, mit ihnen eine Radtour zu unternehmen.
Seine Mutter versuchte es noch einmal und meinte: „Die Albwiesen blühen im Moment wunderbar! Außerdem wollen wir noch einen Abstecher zur Linkenboldshöhle machen. Die kann heute ausnahmsweise besichtigt werden. Du interessierst dich doch so für Höhlen. Ich finde es echt schade, dass du nicht mitkommen willst.“
„Ach, Mama. Ich hab heute abartig viele Hausaufgaben auf. Ich schaff das einfach nicht. Geht halt mal ohne mich.“ Linus‘ Mutter gab nach und zuckte enttäuscht mit den Schultern: „Dann eben nicht.“
Seine kleine Schwester Ida dagegen schien kein Problem damit zu haben, dass sie den Ausflug ohne ihren Bruder machen würden. Sie setzte den Fahrradhelm auf, verstaute eine Taschenlampe in ihrer Jackentasche und pfiff vergnügt vor sich hin.
Sein Vater drehte sich in der Tür nochmals um und verlangte: „Du versprichst mir, dass du nach den Hausaufgaben noch raus an die frische Luft gehst. Und zock nicht, hörst du? Du kannst dich ja noch mit deinen Freunden auf dem Bolzi verabreden. Also tschüss!“
Als Linus‘ Eltern und Ida endlich aufgebrochen waren, machte er sich dann auch tatsächlich an seine Hausaufgaben. Luna strich um seine Beine und wollte gestreichelt werden. Linus tat der Katze den Gefallen und fuhr ihr über das glänzend schwarze Fell. Zum Dank bekam er ein wohliges Schnurren zu hören. Als er mit seinen Hausaufgaben fortfuhr, legte sich Luna kurzerhand auf den Schreibtisch und angelte mit der Pfote nach seinem Schlampermäppchen und den herumliegenden Stiften.
Linus versuchte, sich nicht mehr ablenken zu lassen und ignorierte die Spielereien der Katze. Die Englischvokabeln paukten sich schließlich nicht von alleine.
Gelegentlich unterbrach er kurz und kontrollierte den Liftparkplatz. Puh, da war ja inzwischen die Hölle los! Der Parkplatz war

bereits fast komplett belegt. Die Besucher kamen von überall her: Balingen, Tübingen, Sigmaringen, Böblingen, Stuttgart, Konstanz, ja sogar aus der Schweiz. Die Fahrzeugkontrolle wurde zunehmend schwieriger für Linus, denn der Parkplatz war für so viele Autos nicht ausgelegt und die Autofahrer parkten zum Teil kreuz und quer, nutzten jede kleine Nische.

Doch was war das? Ein schwarzer Geländewagen! Linus zoomte das Nummernschild heran: BL 365.

Das war er! Linus biss sich vor Aufregung auf die Lippe. Schnell überprüfte er noch einmal das Nummernschild und gab dann Alex und Bea Bescheid: „Es ist soweit! Es geht los! Wir treffen uns auf dem Parkplatz."

Ein kurzer Blick in den Spiegel vor dem Verlassen des Hauses genügte Linus, um sich zu vergewissern, dass seine schwarzen Haare wie immer widerborstig in alle Richtungen abstanden. Da half nur noch Gel, aber dafür war gerade keine Zeit. Also die schnelle Variante: Schildmütze auf und dann einen Sprint hinlegen! Jede Sekunde zählte!

Kapitel 13: Verschwunden

Linus traf als Erster ein. Er war völlig außer Atem. In Zukunft musste er unbedingt etwas für seine Kondition tun … Sein Herz klopfte allerdings auch vor Aufregung wilder als normal. Jetzt mussten sie den Täter auf frischer Tat ertappen! Hoffentlich klappte alles so, wie er es sich vorgestellt hatte …

Mit geübten Griffen machte Linus seine kleine Drohne startklar und schaltete die Videokamera ein. Als Alex ankam und sich vom Radschwang, hatte er bereits mit der Drohne den Hang überprüft. Fehlanzeige! Da waren nur die Biker zu sehen, die mehr oder weniger schnell zum Lift runterdüsten. Keine Spur von einem dicken Mann mit Wanderschuhen – was genau genommen auch nicht verwunderlich war, da das Betreten des Hangs verboten war. Linus würde die Drohne über dem Wanderweg fliegen lassen müssen.

Als Letzte traf Bea ein. Sie war zu Fuß gekommen, da sie Fridolin im Schlepptau hatte. Zum Glück wohnte sie nicht allzu weit vom Bikepark entfernt. Der Dackel ließ trotzdem schon die Zunge heraushängen. Offensichtlich war sie mit ihm gerannt. Er war jedoch nicht zu erschöpft, um Alex wie üblich zur Begrüßung anzubellen und an Linus mehrmals hochzuhüpfen.

Bea war guter Dinge: „So, chicos! Es kann losgehen! Wo ist der Typ?"

Linus überprüfte das Display: „Ich hab ihn noch nicht gefunden. Aber da läuft jemand auf dem Wanderweg. Mal sehen ... Nein, das ist ein junges Pärchen. Vielleicht dort auf dem ersten Aussichtsfelsen ... Da sitzt jemand auf der Bank. Die Person scheint dick zu sein. Ich zoome näher ran ... He, das ist er! Er trägt Wanderschuhe. Und er vespert. Das war ja klar, dass der schon wieder was mampft. Gut für uns. Wahrscheinlich bleibt er noch eine Weile da sitzen. Dann haben wir eine Chance, ihn einzuholen. Also los! Nichts wie hinterher!"

Bea zerrte Fridolin, der gerade im Gras schnuppern wollte, hinter sich her: „Wartet! Ich muss ihn erst noch am Auto des Täters riechen lassen, damit er die Spur aufnehmen kann!" Sie führte ihren Dackel zu dem Geländewagen und sprach eindringlich auf ihn ein: „Riech, Fridolin. Riech. Nimm die Fährte auf. Such, such!"

Fridolin guckte Bea verständnislos an. Er schien sich zu fragen, warum sie so inständig auf ihn einredete. Wollte sie ihm vielleicht ein Leckerli geben? Freudig schwänzelte er sie an. Als er merkte, dass Bea nicht vorhatte, ihm ein Leckerli zu geben, sondern ihn am Halsband zu dem Vorderreifen zog, tat er ihr den Gefallen und schnupperte an dem Reifen. Bea frohlockte und lobte ihren Dackel über alle Maßen. „Na also! Geht doch! Braver Hund!" Da Fridolin allerdings immer noch nicht so recht wusste, was er an diesem Reifen tun sollte, hob er schließlich das Bein und pinkelte dagegen. Das konnte nie falsch sein! Aber weit gefehlt. Sein Frauchen war alles andere als begeistert. Sie schrie: „Nein! Nein! Nein! Du sollst die Spur aufnehmen! Du sollst riechen. Schnüffel mal …" Bea zog Fridolin, der sich bereits desinteressiert von dem Wagen abgewendet hatte, abermals am Halsband zur Autotür.

Alex stöhnte: „Bea, komm jetzt! Er hat den Geruch garantiert schon in der Nase! Wir müssen wirklich los! Wir nehmen die Abkürzung."

Sie eilten so schnell sie konnten den grasbewachsenen Hang hinauf und hielten sich vorsichtshalber ganz an der rechten Seite, um nicht von irgendwelchen Bikern, die den Hang heruntergeschossen kamen, über den Haufen gefahren zu werden. Der eigentliche Wanderweg, an dem die Bank lag, auf welcher der Verdächtige saß, führte in weitem Bogen um den Schlossberg herum und bot immer wieder schöne Blicke von verschiedenen Aussichtsstellen hinab ins Tal.

Durch die Abkürzung konnten sie den Mann eventuell noch einholen. Es war allerdings extrem anstrengend, in dem schnellen Tempo den Hang hochzurennen.

Sogar Alex musste schwer schnaufen: „Mir wird jetzt erst bewusst, wie steil der Hang ist. Das merkt man beim Runterfahren gar nicht so, beim Laufen aber schon. Bea, geht's bei dir ein kleines bisschen schneller? Sonst holen wir den Typen trotz Abkürzung nicht ein."

Bea zischte genervt: „Zieh doch du mal den Hund den Hang hoch. Der Sturkopf möchte in seinem Tempo laufen und auch zwischendurch mal schnuppern oder ein Geschäft machen. Es ist echt anstrengend, ihn ständig zu ziehen. Wisst ihr was? Ich mach ihn von der blöden Leine los. Dann kann er in seinem eigenen Tempo laufen. Er verliert schon nicht den Anschluss. Mir reicht's! "

Sie ließ Fridolin von der Leine und der freute sich schwanzwedelnd über die neugewonnene Freiheit. So konnte er nach Herzenslust schnuppern und pieseln. Wurde der Abstand zu den Kindern zu groß, flitzte er auf seinen kleinen krummen Beinchen und mit fliegenden Ohren in beachtlichem Tempo hinterher.

Endlich waren sie auf Höhe des Liftausstiegs angelangt. Im oberen Bereich des Hangs kreuzte der Wanderweg mehrmals das Wegenetz des Bikeparks. Der Mann musste den Wanderweg eigentlich verlassen haben, wenn er auf einem der Downhill-Wege einen Draht spannen wollte. Zur Sicherheit stellten sich die ALB-Detektive etwas abseits des Weges zwischen die angrenzenden Bäume. Der Täter sollte sie nicht zu Gesicht bekommen. Linus ließ erneut seine Drohne kreisen. Eine Zeitlang sagte er nichts. Bea und Alex tauschten vielsagende Blicke aus. Sie dachten das Gleiche. Hoffentlich fanden sie den Mann überhaupt wieder. Im dichten Buchenwald konnte das schwierig werden … Mal ganz davon abgesehen, dass die Drohne zwischen den Bäumen nicht fliegen konnte. Aber da sagte Linus schon erleichtert: „Ich hab ihn! Er geht gerade in Richtung Tailfinger Schloss. Wir müssen weiter!“ Alex stutzte: „Was? Moment mal! Warum geht der zum Schloss? Dann hat er ja das Gebiet des Bikeparks schon verlassen! Wo will er denn hin?“

Linus zuckte mit den Schultern: „Was weiß denn ich. Vielleicht will er zuerst die Aussicht genießen, bevor er die Radfahrer aufs Kreuz legt. Oder es ist ihm im Moment zu viel los und er befestigt den Draht erst auf dem Rückweg. Es ist im Grunde eh verrückt, bei Tag einen Draht zu spannen. Wir müssen jedenfalls schleunigst hinterher, sonst verlieren wir ihn wirklich noch.“

„Wartet noch kurz auf Fridolin! Der ist vorhin bei einem Busch stehen geblieben. Er kommt bestimmt gleich“, sagte Bea und zog den Haargummi ihres Pferdeschwanzes zurecht. Alex und Linus verbissen sich einen Kommentar. Es war ja offensichtlich, dass der Dackel

mehr hinderlich als nützlich war. Allerdings war er jetzt mit von der Partie und das ließ sich nicht mehr ändern. Aber wo steckte er denn nur?
Normalerweise ließ er sich nicht so weit zurückfallen, sondern blieb in Sichtweite. Im Moment war er jedoch nirgends zu sehen. Kein Dackel weit und breit. Bea lief ihm ein Stück entgegen, rief wiederholt so laut sie konnte „Fridolin“ und pfiff nach ihm. Offenbar hatte sie keinen Erfolg gehabt, denn nach ein paar Minuten kam sie völlig aufgelöst zurück: „Fridolin ist weg! Der ist irgendwo falsch abgebogen. Verdammt! Ich muss ihn unbedingt finden. Hoffentlich gerät er nicht auf die Downhill-Strecke! Bei Fahrradfahrern wird er immer ganz wild. Stellt euch vor, was passiert, wenn er einem Biker vors Rad springt!“ Ihre Augen füllten sich mit Tränen. „Das wäre eine Katastrophe! Für den Radfahrer und für Fridolin. Und ich bin schuld! Hätte ich ihn doch nur nicht von der Leine losgemacht!“ Mit diesen Worten drehte sie sich um, rannte den Weg zurück und schrie fast hysterisch: „Friiiidolin! Friiiiidolin!“

Kapitel 14: Der Hund mit den feurigen Augen

Auch Alex half beim Suchen und rannte die letzten 200 Meter zurück. Linus dagegen flog die Wege mit seiner Drohne ab und war schließlich erfolgreich. Er winkte Bea und schrie: „Ich hab Fridolin gefunden!“ Als sie kurz darauf schwer schnaufend neben ihm stand, zeigte er ihr den Bildschirm seiner Kamera. „Schau mal. Nachdem er uns verloren hat, ist er wieder zurück zum Parkplatz gelaufen. Ganz schön schlau für einen

Dackel! Er liegt neben unseren Fahrrädern im Gras und wartet."
Bea beruhigte das wenig: „Hört mal, ich muss auf jeden Fall zurückgehen und mich um Fridolin kümmern. Ich warte dann am Parkplatz auf euch. Wenn der Dicke irgendwelche Drähte spannt, dann ruft ihr mich an und ich hole die Polizei, okay? Und seid vorsichtig!"

Ohne Dackel kamen Alex und Linus wesentlich schneller voran und bald hatten sie das Tailfinger Schloss erreicht. Vom alten Schloss war allerdings nichts mehr zu sehen. Nur der bewachsene Burggraben erinnerte an die Zeiten, als die Raubritter im Mittelalter von dort ins Tal gezogen waren. Das letzte Stück bis zum Aussichtsfelsen schlichen sich die Jungen so leise wie möglich an. Der Dicke, wie Bea den Verdächtigen kurzerhand genannt hatte, konnte ja in der Nähe sein. Alex kribbelte es in der Nase. Schnell hielt er sich die Nasenlöcher mit Daumen und Zeigefinger zu, um den Niesreiz zu unterdrücken. Linus musste grinsen. Alex sah mit seiner abgeklemmten Nase aus, als wolle er vom Beckenrand einen Salto ins Wasser machen. Er schob den Gedanken rasch beiseite. Dies war weder ein guter Zeitpunkt für Lachanfälle noch für Blödeleien. Außerdem hatten sie die Aussichtsstelle erreicht. Tatsächlich! Da saß der Typ auf einer Bank und nahm sein zweites Vesper ein. Er konnte sie nicht sehen, da er ins Tal blickte und ihnen den Rücken zuwandte.
Was sollten sie jetzt tun? Am besten erstmal den Rückzug antreten. Alex wollte Linus gerade am Ärmel in Richtung Wald ziehen, da entfuhr ihm ein lautes „Haatschi! Haatschi! Haaatschi!"
Der Mann drehte sich erschrocken zu ihnen um. Oh nein, er hatte sie gehört! Die Jungen erstarrten unter seinem Blick. Erwischt! Alex überkam ein Anflug von Panik. Am liebsten hätte er sich auf dem Absatz umgedreht und das Weite gesucht.
Doch in diesem Moment lächelte der Mann ihnen freundlich zu und rief: „G'sundheit! Ihr könnt euch gern zu mir auf die Bank setzen. Da ist genug Platz. Das ist das schönste Sonnenbänkle weit und breit."

Na, das mit dem Beschatten war ja gründlich in die Hose gegangen … Sie waren nicht nur entdeckt worden, sondern der Täter hatte sie zu allem Übel auch noch angesprochen! Die Jungen schauten einander unsicher an. Was nun? Fürs Weglaufen war es jetzt zu spät. Seltsamerweise wirkte der Mann gar nicht böse, sondern im Gegenteil recht sympathisch. An und für sich sah er fast schon ein bisschen lächerlich aus: Kurze Wanderhosen, lange Strümpfe, ein kariertes Hemd und ein Fernglas um den Hals. Es fehlten nur noch der Wanderstock und ein Hut. Zögernd kamen Alex und Linus etwas näher. Auf der anderen Seite der Aussichtsstelle waren noch mehr Leute. Besonders gefährlich war die Situation also nicht, denn er würde sie wohl kaum vor anderen Leuten vom Fels hinabstoßen. Außerdem hatte er sie ja noch nie gesehen und wusste nicht, dass sie ihn beschattet hatten.

Alex setzte sich an das äußerste Ende der Bank, Linus quetschte sich daneben. Der Mann packte sein angebissenes Brot, das nach Leberwurst roch, wieder in seine Vesperdose zurück und sagte mit einem Schmunzeln: „Keine Sorge, ich beiß nicht. Tolle Aussicht, gell?"

In diesem Augenblick nahmen sie das fantastische Panorama wahr. Unter ihnen lagen die Ortschaften Tailfingen und Truchtelfingen, die sich zwischen den Bergen im Talgang dahinschlängelten. Oben bunte Wiesen, zartgrüne Laubwälder und als Kontrast die weißen Kalkfelsen des Albtraufs. Unten das quirlige Treiben der Stadt mit unzähligen Häusern, Fabriken, Kirchtürmen, Straßen und lärmenden Fahrzeugen. Der Mann räusperte sich: „So, zwei junge Wanderburschen! Das sieht man selten. Die meisten jungen Kerle sind ja da drüben auf'm Hang." Er schüttelte verärgert den Kopf. „Da rasen sie lieber mit dem Fahrrad die Piste runter und machen die schöne Natur zur Sau. Der Bikepark ist eine einzige Katastrophe!" Nun wirkte er nicht mehr ganz so nett.

Alex rutschte unbehaglich hin und her. Jetzt ging es also zur Sache. Seltsam, dass der Typ von sich aus gleich auf das Thema zu sprechen kam. Er versuchte, mit Linus Blickkontakt aufzunehmen.

Doch der starrte auf seine Füße und war damit beschäftigt, unentwegt mit seinem rechten Schuh im Dreck herumzuscharren. Mann, Linus schien noch nervöser zu sein als er selbst! Der Mann bemerkte allerdings überhaupt nicht, wie unwohl sich die beiden Jungen in seiner Gegenwart fühlten. Vertrauensvoll fuhr er in seinem Mischmasch aus Schwäbisch und Hochdeutsch fort: „Albstadt sieht sich halt als Sportstadt und will auch die jungen Leut‘ anlocken. Und die meisten Jungs sind nicht so wie ihr und wandern. Die wollen Action! Na ja, solang die auf der Skipiste bleiben, geht‘s ja noch. Hauptsache, die wollen nicht noch mehr Wege durch den Wald bauen."
Er beugte sich zu ihnen rüber und raunte: „Aber habt ihr das mit dem Unfall im Bikepark gehört? Da hat einer ‘nen Draht im Wald gespannt. Das muss man sich mal vorstellen! Wer so was macht, der ist doch nicht ganz sauber! Das ist kriminell! Der junge Kerl, der da gegen den Draht gefahren ist, hätt‘ ja tot sein können! Der war so in eurem Alter. Hoffentlich kriegen sie den Verrückten, der das g‘macht hat. Der gehört eingesperrt!"
Die Jungen wussten nicht, was sie sagen sollten und nickten nur verdattert. Der Redeschwall hatte eine Wendung genommen, mit der sie nicht gerechnet hatten. So wie sich das anhörte, war dies wohl doch nicht ihr Mann. Alex blickte zu Boden. Linus‘ Schuh, der ursprünglich eine grüne Farbe gehabt hatte, war nun mit einer dicken Staubschicht überzogen. Eigentlich nervte Alex das Geschwafel des Mannes. Der sah alles nur in Schwarz und Weiß. Wanderburschen waren gut, Biker waren böse Buben. Wie blöd war das denn? Er nahm all seinen Mut zusammen und entgegnete: „Ja, wir haben von der Sache gehört. Echt übel. Wir fahren nämlich auch gerne Fahrrad." Er zögerte und setzte etwas leiser hinzu: „Und manchmal fahr ich sogar Downhill … Das macht total Spaß!"
Der Mann schaute ihn erstaunt an und sagte dann: „Aha … Na ja, solange du auf den Wegen im Bikepark bleibst …" Er schwieg für einen Moment.

Kurz darauf lächelte er wieder. „Wenigstens bewegen sich die jungen Leut' da ein bissle und sind an der frischen Luft. Die meisten sitzen ja nur noch vorm Computer und wisse' nichts von ihrer Heimat. Kennt ihr zum Beispiel die Sage vom Tailfinger Schloss?"
Alex und Linus gaben zu, von der Sage noch nie gehört zu haben. „Dabei ist die G'schichte so was von spannend!" Der Mann nickte begeistert. Er freute sich offenbar, dass er Zuhörer gefunden hatte. „Hier soll nämlich immer noch ein Schatz von den Raubrittern vergraben sein. Den könnt ihr mal suchen. Ihr müsst aber aufpassen. Der Schatz wird nämlich von 'nem Hund mit feurigen Augen bewacht!"
Mit diesen Worten erhob sich der Mann. „Wenn ihr den Schatz g'funden habt, dann sagt ihr mir Bescheid, gell?" Er zwinkerte ihnen nochmals zu und ging dann weiter.
Kaum war er verschwunden, stöhnte Alex lautstark auf: „Oh Mann, das kann echt nicht wahr sein. Das ist er nicht. Das ist nie und nimmer der Drahtfallentäter! Fragt der uns, ob wir schon von der Sache mit dem Draht gehört haben! Von wegen ‚ein Junge in unserem Alter'! Na, wenn der wüsste, wer da neben ihm gesessen hat!"
Linus stand auf und sah ziemlich ratlos aus. Genervt meinte er: „Das war vielleicht ein Reinfall! Tolle Detektive sind wir. Verfolgen den Falschen. Was für eine Zeitverschwendung! Wie doof kann man eigentlich sein?" Er kickte einen Stein zur Seite. „Es hat einfach so vieles gepasst! Er hätte es echt sein können." Alex gab dem Stein ebenfalls einen Tritt. „Ja, hätte. Aber er war's halt eben doch nicht. So eine Pleite!"
Sie berichteten Bea kurz am Handy was vorgefallen war und liefen auf dem schnellsten Weg zum Parkplatz zurück. Frustriert über den Misserfolg gingen sie nach Hause. Auf eine Lagebesprechung hatte im Moment keiner mehr Lust.

Kapitel 15: Anonyme Bedrohung

Die Enttäuschung saß so tief, dass die drei ALB-Detektive mehrere Tage nicht mehr über das Thema sprachen und sich ausschließlich auf Fußball und Schule konzentrierten. Letzteres mussten sie auch, weil sie jeden zweiten Tag eine Klassenarbeit schrieben und für Detektivarbeit sowieso keine Zeit gehabt hätten.

Alex war besonders geknickt. Zu gerne hätte er den Täter überführt. Sozusagen als persönliche Rache. Aber die Detektivarbeit war komplizierter als gedacht. Wie sollte man den Richtigen denn finden? Er konnte überall sein. Möglicherweise war er inzwischen untergetaucht. Die Anschläge auf die Radfahrer waren schon lange kein Gesprächsthema mehr in der Stadt. Nur ungern gestand er sich ein, dass der Verbrecher wohl ungeschoren davonkommen würde. Das war doch ungerecht! Und die Polizei? Was tat die überhaupt? Alex griff zum Handy.

„Hallo Onkel Max! Ich wollte mich mal erkundigen, ob ihr was Neues rausgefunden habt. Wegen der Sache im Bikepark."

Sein Onkel räusperte sich: „Tut mir leid, Alex. Wir haben immer noch keine konkrete Spur. Trotzdem gibt es tatsächlich eine Neuigkeit. Stell dir vor: Wir haben einen anonymen Brief erhalten. An die Polizei adressiert." „Und was steht in dem Brief?"

„Es ist ein Drohbrief. Aber ich weiß gar nicht, ob ich dir das erzählen sollte. Behältst du es für dich?" „Logisch!", sagte Alex wie aus der Pistole geschossen. Als ihm klar wurde, dass er das schnell geäußerte Versprechen so nicht einhalten konnte, korrigierte er sich.

„Also … klar. Außer Linus und Bea erfährt niemand davon. Und die halten auf jeden Fall dicht." Onkel Max zögerte kurz, dann sagte er: „Also gut. Ich versteh ja, dass du Bescheid wissen willst. Immerhin warst du der Leidtragende." Er seufzte. „Oh ja. Es wird wirklich Zeit, dass wir den Kerl schnappen. Ich hoffe nur, dass es keine weiteren Opfer geben

wird. Ende des Monats findet doch der Mountainbike Weltcup in Tailfingen statt. Wusstest du das?"
„Klar, da will ich auch unbedingt zuschauen!"
„Ich kann dir den Brief vorlesen. Ich hab mir eine Kopie davon gemacht. Hm, wo hab ich die nochmal hingelegt? Moment." Alex hörte, wie sein Onkel im Hintergrund mit Papier raschelte. Kurz darauf sagte er: „So! Hör zu, ich les' es dir mal vor.
Hallo Sportsfreunde!
Offensichtlich habt ihr meine Warnungen im Bikepark und beim Bike Marathon nicht ernst genommen. Sonst würdet ihr es wohl nicht wagen, auch noch eine Mountainbike-Weltmeisterschaft zu veranstalten. Stoppt diesen Wahnsinn. Sagt die Veranstaltung sofort ab und schließt den Bikepark. Sonst geschieht ein großes Unglück. Ihr seid dann dafür verantwortlich."
„Irre! Der Typ muss total durchgeknallt sein! Wie kann man nur so einen Hass auf Radfahrer haben?" Alex schüttelte verärgert den Kopf. „Und was habt ihr nun vor? Sagt ihr die Weltmeisterschaft ab?"
„Na ja, natürlich nehmen wir den Brief ernst. Der Täter hat schon zweimal gezeigt, dass er keine Hemmungen hat, andere zu verletzen. Trotzdem kommt es nicht infrage, die Weltmeisterschaft abzusagen. Wir lassen uns nicht erpressen!"
„Könnt ihr nicht über den Brief irgendwie rausbekommen, wo dieser Idiot steckt? Der muss hier doch in der Nähe leben, wenn er so gut über die Veranstaltungen in Tailfingen Bescheid weiß." „Du hast Recht. Das vermuten wir auch. Er muss einen engen Bezug zu der Gegend hier haben. Sonst würde er diese Aktionen ja nicht machen. Er hat sich sogar getraut, den Brief nachts direkt beim Polizeirevier einzuwerfen."
„Habt ihr keine Kamera am Eingang?", fiel Alex ihm ins Wort.
„Nein, leider nicht. Aber das hat er vorher sicherlich geprüft. Sonst hätte er den Brief mit der Post geschickt. Alex, du darfst den Kerl nicht unterschätzen! Der ist nicht dumm! Auf dem Brief hat er keinerlei

Fingerabdrücke hinterlassen. Muss wohl Handschuhe getragen haben."
„Möglicherweise ist er ein Profi … und hat noch mehr auf dem Kerbholz", warf Alex ein. Je mehr er über diesen Menschen erfuhr, desto überzeugter wurde er, dass dieser in seinem Leben garantiert noch mehr verbockt hatte. Er konnte sich den Fiesling richtig gut vorstellen: Groß, fett, unrasiert, hässliches Gesicht mit schräg stehenden Augen und großer Zinkennase und dazu fettige, ungepflegte Haare. So und nicht anders musste dieser Widerling aussehen. Er hatte ihn so lebendig vor Augen, dass er jederzeit bereit gewesen wäre, ein Phantombild anzufertigen. Überraschenderweise widersprach ihm sein Onkel jedoch. „Nein. Er wurde bisher noch nie auffällig und wird in keiner Datei bei uns geführt. Das haben wir schon überprüft. Ganz so professionell, wie du glaubst, ist er dann nämlich auch wieder nicht. Er hat seine DNA, also seinen genetischen Fingerabdruck, auf dem Brief hinterlassen."
Alex staunte: „Wie denn das? Hat er geblutet?"
„Nein, er hat Nasensekret auf dem Brief hinterlassen. Vermutlich musste er während des Schreibens niesen und hatte kein Taschentuch zur Hand."
„Du meinst, ihr könnt den Täter an seinem Rotz identifizieren?"
Onkel Max lachte. „Ja. Wenn wir ihn erwischen. Aber das müssen wir erst einmal schaffen." „Und wie wollt ihr das schaffen?" „Ich weiß es nicht. Selbstverständlich wird die Polizei bei der Weltmeisterschaft anwesend sein. Bestenfalls macht der Mann einen Fehler und wir können ihn schnappen. Mehr Einzelheiten kann ich dir allerdings nicht verraten." „Na, wir werden jedenfalls auch da sein und die Augen offen halten. Wenn wir etwas Verdächtiges bemerken, sagen wir dir Bescheid."
„Aber geht kein Risiko ein, hörst du? Der Täter hat ein Unglück angekündigt. Wer weiß, was er sich einfallen lässt. Der Mann ist nicht ungefährlich, auch wenn bisher niemand ernsthaft verletzt wurde. Dieses Mal kann das völlig anders ausgehen. Also versprich mir, dass ihr keine

Dummheiten macht! Ich hab schon gemerkt, dass euch das Detektivfieber gepackt hat …“
„Klar, Onkel Max. Wir sind vorsichtig. Versprochen.“
Kaum hatte Alex das Gespräch beendet, machte er einen Rundruf und informierte Bea und Linus über die sensationellen Neuigkeiten.

Kapitel 16: Leserbriefe

Linus kaute auf seinem Bleistift herum. An und für sich war es ja richtig gewesen, den Täter im Umfeld der Downhill-Gegner zu suchen Auch wenn sie etwas vorschnell den falschen Mann verfolgt hatten. Was für ein Fehlschlag! Wenn nicht bei dieser Interessengemeinschaft, wo dann konnte dieser Verbrecher gefunden werden? Es gab zwar auch vereinzelt Leute in Albstadt, die von dem Trubel und den Verkehrsbehinderungen bei den Fahrrad-Großveranstaltungen genervt waren. Aber deswegen hassten sie die Radler doch nicht persönlich. Der Ärger richtete sich vielmehr gegen die Veranstalter oder die Stadtverwaltung. Wo also suchen? Alex hatte von dem Drohbrief erzählt, den der Täter an die Polizei geschickt hatte. Denkbar war, dass er allgemein gerne Briefe schrieb. Leserbriefe in der Zeitung zum Beispiel ... Einen Versuch war es wert. Die Regionalzeitung bot im Internet eine Suchmaschine an, mit der man Berichte der letzten Monate zu bestimmten Themen finden und nachlesen konnte. Eventuell gab es auch kritische Leserbriefe zum Bikepark. Linus tippte die Stichworte „Mountainbike“ und „Albstadt“ in die Suchmaschine ein. Mehrere Berichte zum Albstadt Bike Marathon, zum Bikepark und zur Mountainbike-Weltmeisterschaft erschienen.

Nichts Kritisches. Kein einziges negatives Wort.

Ida streckte ihren Kopf ins Zimmer und brüllte: „Mama, der Linus zockt schon wieder!" Linus warf seiner Schwester einen „Ich könnte dir eine reinhauen"-Blick zu und rief schnell: „Stimmt gar nicht! Ich muss nur kurz was recherchieren!"

Dann zischte er: „Hau ab! Und glaub ja nicht, dass ich dir nächstes Mal wieder bei Problemen mit deinem Notebook helfe." Er schloss energisch die Zimmertür und vertiefte sich weiter in die Reportagen. Neue Suche! Welche Wortwahl hatte der Täter bisher getroffen? Linus gab erneut Stichworte in die Suchmaschine ein: „Mountainbike Albstadt Lebensgefahr Wanderwege Rowdy"

Bingo! Ein Leserbrief. Vor drei Monaten erschienen.

Betreff: Bikepark

Lebensgefahr für Wanderer

Die Natur rund um Albstadt ist von einzigartiger Schönheit. Das wissen neben uns Einheimischen auch immer mehr Wanderer aus der näheren und weiteren Umgebung zu schätzen. Zunehmend lockt man inzwischen aber auch Radfahrer zu uns. Das Errichten von Downhill-Wegen mit all ihrem Zubehör, wie z. B. Rampen, ist ein aggressiver Eingriff und verschandelt die Natur. Die angrenzenden Naturschutzgebiete werden beeinträchtigt, die Tierwelt wird gestört, die Umgebung wird vermüllt. Als Wanderer hat man keinerlei Rechte mehr, wenn man das Gebiet des Bikeparks durchquert. Die jungen Downhillfahrer verhalten sich schlimmer als auf der Autobahn, als wären die Wege ihre persönliche Rennbahn. Diese Rowdys rasen die schmalen Pfade herunter und rufen den entgegenkommenden Fußgängern lediglich „Weg da!" oder „Verpiss dich!" zu. Wer nicht rechtzeitig in die Büsche springt, hat Pech gehabt und wird angefahren. So erging es mir, als ich einen Downhillpfad queren wollte. Ein junger Radfahrer schoss ganz plötzlich auf mich zu und hat mich im Vorbeifahren gestreift. Ich bin so erschrocken, dass ich gestürzt bin. Dabei brach ich mir das Handgelenk. Der Radfahrer hat das Weite gesucht und konnte später nicht mehr ausfindig gemacht werden. Später wurde ich dann unverschämter Weise darauf hingewiesen, dass mich doch ein Schild gewarnt hätte, dass das Überqueren des Weges lebensgefährlich sei! Ich verstehe nicht, dass man immer mehr Fahrradfahrer durch Großveranstaltungen wie den Bike Marathon oder Weltmeisterschaften anlockt. Auch Wanderer haben Rechte. Dieser Fahrradtourismus muss weniger werden, damit man sich als Wanderer wieder entspannt und ohne Gefahr in der Albstädter Umgebung bewegen kann!

Alfred Kobler
Albstadt

Linus rieb sich die Hände. Mal sehen – gab es noch weitere Leserbriefe von Herrn Kobler? Die Suchmaschine arbeitete. Ja, die gab es! Er hatte sogar wöchentlich einen neuen Brief mit ähnlichem Inhalt und stets mit der abschließenden Forderung nach Schließung des Bikeparks veröffentlicht.Vor vier Wochen war allerdings der letzte Brief erschienen. Einige Tage später war Alex in den gespannten Draht gefahren. Offensichtlich hatte Alfred Kobler einen persönlichen Rachefeldzug gestartet, nachdem er mit seinen Leserbriefen nichts erreicht hatte. Sie mussten nur noch überprüfen, ob Herr Kobler vom Körperbau her als Verdächtiger infrage kam. Die Adresse im Internet herauszufinden, das war für Linus ein Kinderspiel: Rabengasse 23, Albstadt-Tailfingen.

Kapitel 17: Tarnung

Die drei ALB-Detektive fuhren am nächsten Nachmittag in der Rabengasse, die in einem ruhigen Wohngebiet lag, mit ihren Inlinern auf und ab. Bei dem sonnigen Wetter spielten viele Kinder draußen und somit war der Inlinesport eine gute Tarnung. Wenn man es genau nahm, fuhren allerdings nur Alex und Bea auf und ab. Linus hangelte sich dagegen von einer Straßenlaterne zum nächsten Gartenzaun und von dort aus erneut zur nächsten Straßenlaterne. Inliner fahren! Auf so eine blöde Idee konnte auch nur ein Mädchen kommen! Wie konnte man daran nur Spaß haben? Für Linus fühlte sich das an, als würde er sich auf Eiern statt auf Rädern fortbewegen. Und weder X-Beine noch seine weit ausgestreckten Arme konnten ihm zu mehr Stabilität verhelfen. Es war wirklich demütigend! Immerhin taten Bea und Alex so, als sei es völlig normal, dass Linus jede Laterne dieser Straße persönlich mit einer Umarmung begrüßen musste. Sie wagten es nicht einmal, ihre Mundwinkel zucken zu lassen, geschweige denn zu lachen. Sie wussten genau, dass so ein Lacher dazu führen konnte, einen solchen Stoß zu erhalten, dass sie selbst in einer Hecke landeten.

So unauffällig wie das mit dem herumstolpernden Linus möglich war behielten sie das Haus Nummer 23 im Blick. Im Haus brannte Licht. Das Auto, ein silberner Audi, war vor der Garage geparkt. Die Chancen standen also gut, dass sie Herrn Kobler heute zu Gesicht bekommen würden. Dieses Mal wurde ihre Geduld nicht allzu lange auf die Probe gestellt, denn bereits nach einer halben Stunde öffnete sich die Haustür. Ein älterer, großer Mann trat heraus und brachte eine Abfalltüte zu den Mülltonnen vor dem Haus. Man konnte ihn nicht gerade als dick bezeichnen, wohlbeleibt war er allerdings schon. Er hatte nur noch wenige Haare auf dem Kopf. Dafür trug er einen Vollbart. Und er hatte ziemlich große Füße, die in braunen Pantoffeln steckten. Nachdem er

die Tüte in die Mülltonne gestopft hatte, schlappte er wieder ins Haus zurück, ohne sich umzusehen.
„Das könnte unser Drahtfallentäter sein. Was meint ihr?" Alex war nach dem letzten Reinfall inzwischen vorsichtig mit seinen Verdächtigungen.
„Es spricht vieles dafür", flüsterte Linus und krallte sich krampfhaft am Pfosten eines Zauns fest. Bea nickte zustimmend: „Ja, aber lasst uns das besser auf dem Bolzi besprechen. Sonst bemerkt der Typ uns noch. Wir sind inzwischen schon lange genug hier auf und ab gefahren. Das fällt sonst auf! Lasst uns gehen. Vamonos!"

Kapitel 18: Mörderjagd bei Nacht

Alex und Bea stolperten auf ihren Inlinern über den Rasen des Fußballplatzes und setzten sich auf eine Bank. Lagebesprechung war angesagt. Sie mussten nur noch auf Linus warten, der unterwegs die Inliner ausgezogen hatte und den Rest des Weges barfuß gelaufen war.
Ah, da kam er ja endlich. Einen Inlinerschuh trug er in der linken, den anderen in der rechten Hand. Die Inliner schienen schwer zu sein. Bis zu den Knien reichten ihm seine Arme. Mit seiner gebückten Haltung und den langgezogenen Armen sah er aus wie ein Orang-Utan. Doch wieder verkniffen sich die Freunde das Grinsen. Linus war nämlich mehr als deutlich anzusehen, wie genervt er war. Achtlos schmiss er die Inliner ins Gras und ließ sich so schwer neben Alex auf die Bank plumpsen, dass das Holz unter seinem Allerwertesten gefährlich knackte. Bea beschloss, auf seinen Frust nicht weiter einzugehen und gleich zur Sache zu kommen. Sie schob den Hut aus der Stirn und schaute ihre beiden

Freunde fragend an: „Sollen wir zur Polizei gehen und unseren Verdacht melden?" Alex schüttelte den Kopf. „Nein, noch nicht. Ich hab keine Lust mich zu blamieren, wenn sich unser Verdacht nicht bestätigt! Wir haben bisher keinerlei Beweise. Nur weil der Typ Leserbriefe schreibt und groß und dick ist, muss er noch lange nicht unser Mann sein. Die lachen uns aus bei der Polizei … Und für meinen Onkel wäre es auch peinlich, wenn seine Kollegen sich genervt über unsere Detektivspielchen äußern. Nee, nee – da müssen wir uns schon richtig sicher sein, bevor wir zur Polizei gehen!"
„Okay. Wie du meinst. Aber hast du einen besseren Vorschlag?"
„Der Täter hat angekündigt, dass sein nächster Anschlag die Mountainbike-WM betreffen wird, falls diese stattfindet. Wir könnten am WM-Tag sein Haus überwachen und ihm dann folgen. Wir beschatten ihn und wenn wir Glück haben, erwischen wir ihn dann auf frischer Tat."
Linus mischte sich in das Gespräch ein: „Ehrlich gesagt kann ich mir nicht vorstellen, dass der Typ es wagen wird, bei der WM mitten am Tag eine Drahtfalle oder ein anderes Hindernis aufzubauen. An der Strecke stehen überall Zuschauer. Hinzu kommt die Polizei, die inzwischen gewarnt ist. Unter diesen Umständen einen Anschlag durchzuführen, wäre nicht nur riskant, sondern einfach nur dumm. Viel wahrscheinlicher ist, dass der Kobler in der Nacht vor der WM etwas plant."
„Nacht" war das falsche Stichwort für Alex. Aufgebracht fuhr er in die Höhe: „Nachts? Du willst ihn bei Nacht verfolgen? Wie soll das denn gehen? Meine Eltern lassen mich doch nicht mitten in der Nacht in den Wald gehen, um irgendeinem irren Mörder aufzulauern. Mal ganz davon abgesehen, dass ich absolut keinen Bock habe, bei Dunkelheit im Wald rumzustolpern."
Linus blieb hartnäckig: „Das ist die einzige Chance ihn zu erwischen. Und wenn wir entsprechende Vorkehrungen treffen, ist es auch gar nicht so gefährlich. Wir brauchen nur einen gut durchdachten Plan … Ich hab da auch schon eine Idee, wie wir das mit unseren Eltern hinkriegen. Und weißt du was, Alex? Du musst den Außendienst

nicht übernehmen, wenn du das nicht willst. Das erledigen Bea und ich. Dafür hast du dann eine andere Aufgabe …"

Bea fuhr herum. „Moment mal. Versteh ich dich richtig? Ich soll mit dir allein nachts im Wald auf Mörderjagd gehen?" „Hast du etwa auch Schiss?", erwiderte Linus und schaute sie herausfordernd an.

Bea atmete tief durch und sagte dann gedehnt: „Also gut … Von mir aus. Unter einer Bedingung: Ich mach das nur in Begleitung von Fridolin!"

Linus wusste, wann er nachgeben musste: „Okay, okay. Meine Bedingung ist aber, dass du ihn nicht von der Leine lässt."

Bea verdrehte empört die Augen. Glaubte er ernsthaft, sie würde zweimal denselben Fehler machen? Darauf zu antworten, war wirklich unter ihrer Würde. Stattdessen kramte sie aus ihrer Hosentasche ein Päckchen ihrer extrascharfen Kaugummis aus Spanien heraus und spendierte eine Runde. Die Jungs wussten nicht, was sie da erwartete. Mit einem breiten Grinsen sagte Bea in dem Moment, als die beiden die Kaugummis bereits in den Mund gesteckt hatten: „Ist er zu stark, bist du zu schwach! Mal sehen, wer von euch Memmen länger durchhält. Und ausspucken gilt nicht!"

Alex und Linus verzogen augenblicklich das Gesicht und rissen die Augen weit auf. „Mann, ihr seht aus, als würden euch lebendige Schnecken im Mund herumkriechen", sagte Bea und kringelte sich bei dem Gedanken vor Lachen. Dann schob sie sich selbst einen der Kaugummis in den Mund und kaute hastig darauf herum, während sie gleichzeitig die Luft zwischen den Zähnen hindurch einzog.

Kapitel 19: Mit Sack und Pack

Bea saß im Eiscafé in Tailfingen und löffelte genüsslich ihr Spaghetti-Eis. Sie beobachtete die Leute, die vorübergingen. Plötzlich erstarrte sie. War das nicht … Ja, da war wahrhaftig der Drahtfallentäter unterwegs. Mit dem Fahrrad! Das war ja seltsam! Er hasste doch Fahrradfahrer … Weshalb fuhr er dann selbst Rad? Und wie eigenartig er gekleidet war! Er trug die komplette Downhill-Schutzkleidung vom Helm bis zur Protektorenjacke. Seine Füße steckten jedoch in Wanderstiefeln. Bea legte das Geld für das Eis auf den Tisch, schnappte sich eiligst ihr Rad und verfolgte den Verdächtigen.

Es ging kreuz und quer durch die Stadt. Wohin wollte er nur? Schließlich erblickte Bea die Ausschilderung vom Bikepark an der Straße.

Er bog bei der nächsten Ecke ab. Als Bea in die Straße folgte, war er plötzlich nicht mehr zu sehen. Wo war er geblieben? Bea trat so schnell sie konnte in die Pedale. Er blieb verschwunden. Einfach weg! Verwirrt ließ sich Bea mit dem Schlepplift den Hang des Bikeparks hochziehen. Der Täter musste sich bereits irgendwo auf der Downhill-Strecke im Wald befinden. Sie wählte den Castle Trail. In rasantem Tempo sauste sie über die holprigen Wege und legte sich wagemutig in die Kurven. Sie war selbst erstaunt, wie mutig sie war und wie genial sie ihr Rad beherrschte. Der Fahrtwind pfiff ihr um die Ohren. Aber was war das? Da stand plötzlich der Drahtfallentäter auf dem Weg und hielt einen gespannten Draht in den Händen, den er auf der anderen Seite des Weges an einem Baum befestigt hatte. Er starrte sie böse an und lachte hinterhältig: „So, jetzt hab ich dich endlich!“ Bea war verzweifelt. Was nun? Sie wollte um Hilfe rufen, aber sie bekam keinen Ton heraus.

Zudem hatte sie eine so große Geschwindigkeit drauf, dass es ihr unmöglich war, zu bremsen. Es gab nur eine Chance …

Sie raste auf die vor ihr liegende Rampe zu und schanzte mit einem weiten Sprung über den gespannten Draht hinweg. Mit einem heftigen Schlag landete sie hinter dem Draht auf dem Boden. Sie konnte kaum glauben, dass sie das echt geschafft hatte. Doch plötzlich sah sie noch einen weiteren gespannten Draht vor sich. Und dahinter war noch ein Draht! Wo war die nächste Rampe? Da! Mit Karacho raste sie auf die Rampe, riss ihr Rad hoch und flog weit hinaus in die Luft.

Fasziniert stellte sie fest, dass sie immer höher und höher flog. Weit in den blauen Himmel hinein, tief unter ihr der Wald. Sie hörte, wie ein Kuckuck rief: „Kuckuck! Kuckuck! Kuckuck!"

„Wie schön es ist zu fliegen", dachte sie und fühlte sich wahnsinnig glücklich. „Kuckuck! Kuckuck!" Der Kuckuck rief zunehmend lauter und eindringlicher. „Kuckuck!" Bea überlegte. Das klang … das klang … wie ihr Wecker!

Bea öffnete die Augen und tastete nach ihrem Vogelstimmenwecker, um den Weckruf mit einem Schlag zu beenden. Helles Tageslicht blendete sie. Schnell schloss sie wieder ihre Augen und stöhnte: „Was für ein Albtraum!" Normalerweise machte sie niemals Mittagsschlaf. Aber heute hatte sie sich dazu entschlossen, ein wenig vorzuschlafen.

Es war nämlich soweit. Am nächsten Morgen sollte die Mountainbike-Weltmeisterschaft Cross Country stattfinden. Nun musste der Plan in die Tat umgesetzt werden. In dieser Nacht würde sie nicht schlafen, sondern mit Linus auf Verbrecherjagd gehen.

Bea stopfte ihren Schlafsack in die dazugehörige Hülle. Dann packte sie ein bisschen Rohkost in ihre Vesperbox ein. Bei Alex gab es meist belegte Brote und, wenn sie Pech hatte, mit Wurst.

„Und du bist sicher, dass die Eltern von Alex nichts dagegen haben, wenn du Fridolin zum Übernachten mitnimmst? Die haben doch gar keine Haustiere." Beas Mutter schaute skeptisch.

„Ja, eben. Und kleinere Geschwister hat Alex auch nicht. Dann kann Fridolin niemanden beißen. Außerdem hat Alex sein Zimmer in der Einliegerwohnung im unteren Stock. Da sind wir ganz unter uns."

„Hast du alles gepackt? Schlafsack, Schlafanzug, Zahnbürste, Zahnspange?“
„Sí, aber die Zahnspange nehme ich auf keinen Fall mit!“
„Na gut, putz dir dann wenigstens ordentlich die Zähne. Oye! Hörst du?“
„Sí, sí. Falls irgendwas ist, kannst du mich ja auf dem Handy erreichen.“
„Bien. Gut. Also, mi amor. Viel Spaß! Nach dem Frühstück kommst du dann heim, vale?“
Bea hauchte ihrer Mutter links und rechts ein Küsschen auf die Wange.
„Vale. Bis morgen, Mama! Buenas noches! Gute Nacht!“
Sie setzte ihren Hut auf, nahm Fridolin an die Leine und verließ dann mit Rucksack und Schlafsack bepackt das Haus.

Kapitel 20: Nachtsicht

Nachdem auch Linus mit einer großen Tasche Übernachtungsgepäck bei Alex eingetroffen war, gingen sie ihren Plan noch einmal durch. Bea hatte es sich in einem großen flauschigen Sitzsack bequem gemacht. Fridolin lag eingerollt zu ihren Füßen.
Während Alex die Luftmatratzen aufblies, führte Linus das Wort: „Alex, du hältst hier die Stellung und wimmelst unsere Eltern ab, wenn sie wegen irgendeiner Sache vielleicht anrufen. Ich hab übrigens gesagt, dass wir eventuell eine kleine Nachtwanderung machen werden. Bea und ich ziehen also bei Einbruch der Dunkelheit los und gehen zum Bullentäle. Dort verstecken wir uns auf dem Parkplatz. Falls der Kobler kommt, verfolgen wir ihn. Wenn es soweit ist und er wieder ein krummes Ding dreht, rufen wir dich an. Du schlägst dann bei deinem Onkel Alarm.

Bea und ich laufen zum Parkplatz zurück und warten auf die Polizei. Noch irgendwelche Fragen?"

„Ja. Wie sollen wir den Typen denn bei Dunkelheit durch den Wald verfolgen? Wir können keine Taschenlampen benutzen. Das würde der Kobler in der Dunkelheit sofort sehen." Bea streichelte Fridolin über den Kopf. „Es könnte zwar sein, dass Fridolin seine Spur aufnimmt und uns führen kann. Ich kann allerdings keine Garantie dafür geben, dass wir dann nicht möglicherweise eher in einem Kaninchenbau landen!"

Bei der Vorstellung musste Linus grinsen. Der Dackel hatte eine super Nase und nahm oftmals begeistert irgendeine Spur auf. Erfahrungsgemäß verfolgte er aber lediglich die Spuren von Katzen oder Füchsen. Linus kramte in einer Tüte und zog zwei Plastikgeräte heraus, die wie kleine Ferngläser aussahen.

„Keine Sorge, wir brauchen Fridolin nicht unbedingt. Ich hab Nachtsichtgeräte. Schau nicht so, Bea. Das ist nichts Besonderes. Die Dinger waren mal die Beilage von so einer Wissenschaftszeitschrift für Kinder, die mir meine Mutter geschenkt hat. Erstaunlicherweise funktionieren sie tatsächlich. Natürlich sind sie nicht besonders hell, aber sie erfüllen ihren Zweck."

Bea nahm ein Nachtsichtgerät an sich und hielt es vor ihre Augen. „Cool! Macht das Licht aus. Ich will das gleich mal testen!"

Alex tat ihr den Gefallen, ließ den Rollladen herunter und machte das Licht aus. Still standen sie in der Finsternis. Es war so dunkel, dass Alex nicht einmal mehr die Umrisse seiner Freunde erkennen konnte. Er versuchte, durch sein Gehör die Blindheit auszugleichen und lauschte angestrengt. Als Bea wenige Sekunden später plötzlich völlig unerwartet loskreischte, zuckte er vor Schreck zusammen.

„Wow! Alex, ich kann genau sehen, dass du gerade in der Nase popelst!"

„Ha, ha. Sehr witzig. Du solltest dir eher einen Blindenstock zulegen!"

„Keine schlechte Idee. Mit dem könnte ich dem Kobler wenigstens notfalls eins überbraten. Aber mal im Ernst. Ich kann erstaunlich viel in

der Dunkelheit erkennen. Ich kann sehen, dass du gerade deine Arme verschränkst. Oh nein, ich sehe da gerade noch was … Fridolin, aus! Aus! Darf man das? Aus! Tut mir leid, Alex. Er hat gerade die Wurst von dem Vesperteller geklaut, den deine Mutter für uns gerichtet hat."
Als Alex das Licht anmachte, waren alle Augen auf Fridolin gerichtet. In der Dunkelheit hatte er die Gunst des Augenblicks genutzt und den Vesperteller auf dem niedrigen Beistelltisch leergeräumt. Nur das Brot hatte er übrig gelassen. Er versuchte, möglichst unschuldig auszusehen, und blickte unbeteiligt zur Seite. Dann kam jedoch für eine Sekunde seine nasse Zunge aus dem Maul und schleckte über seine Nase. Die Wurst war einfach zu lecker gewesen und er hatte sie dank seiner feinen Nase auch ohne Licht gefunden. Die drei ALB-Detektive brachen in schallendes Gelächter aus. So ein Schlitzohr!

Kapitel 21: Zitterpartie

Linus trat von einem Fuß auf den anderen. Zum wiederholten Mal schaute er auf seine Uhr. Jetzt warteten sie schon seit einer Stunde – und es war kälter als gedacht. Hätte er nur die wärmere Jacke angezogen! Die Zeit verging verdammt langsam. Vor allem, da sie nicht wussten, wie lange sie noch warten mussten. Wer weiß, wann der Kobler auftauchen würde? Wenn er überhaupt auftauchte … Wieder verging eine halbe Stunde. Nun war es schon 22:30 Uhr. Normalerweise würden sie um diese Zeit längst selig in ihren Betten schlummern. Linus verdrängte schnell die Sehnsucht nach seiner kuscheligen Bettdecke.
Sogar Fridolin zitterte inzwischen. Es konnte allerdings auch sein, dass

er mehr vor Aufregung als vor Kälte schlotterte. Wenn Bea angespannt war, übertrug sich das sofort auf ihren Dackel. Er witterte Gefahr. Zudem war Fridolin zwar an und für sich ein recht mutiger Hund, aber in der Dunkelheit war er stets unsicher und ängstlich. Deshalb redete Bea fortwährend beruhigend auf ihn ein, streichelte ihn und wärmte dabei auch gleichzeitig ihre kalten Finger in seinem weichen Fell.

Um sich die Zeit zu vertreiben, spielten sie „Schere, Stein, Papier". Bea hatte gerade zum dritten Mal verloren, als ein Auto auf den Parkplatz einbog. Schnell duckten sie sich hinter einen Busch, um nicht vom Licht der Scheinwerfer erfasst zu werden. Linus erkannte sofort den silbernen Audi wieder. Es war ohne Zweifel Kobler!

Kapitel 22: Im dunklen Wald

Bea nahm die Leine etwas kürzer und führte den Dackel möglichst stramm neben sich. Fridolin hatte keine Lust auf diese Nachtwanderung und blieb andauernd stehen, stemmte sich gegen die Leine und versuchte, Bea zum Umdrehen zu überreden. Leise fluchte sie auf Spanisch vor sich hin. Sie musste aufpassen, dass er beim Ziehen nicht mit dem Kopf aus dem Halsband herausrutschte. Dann konnte es nämlich passieren, dass er schnurstracks kehrtmachte und einfach nach Hause rannte.

Mit Fridolin fühlte Bea sich trotzdem deutlich sicherer. Im Ernstfall würde er sie vermutlich verteidigen. Das hoffte sie zumindest.

Kobler war ungefähr dreihundert Meter vor ihnen. Er hatte einen großen Rucksack dabei und ging in zügigem Tempo durch den Wald die Rennstrecke bergauf. Sie mussten genügend Abstand halten, damit er ihre

Schritte nicht hörte. Sie versuchten, unnötige Geräusche zu vermeiden und machten um jedes Ästchen, das auf dem Weg lag, einen Bogen. Es war eine sternenklare Nacht und der Mond stand als schmale Sichel am Himmel. Allein das Schimmern des Mondes hätte zur Orientierung allerdings nicht ausgereicht. Die Nachtsichtbrillen waren absolut Gold wert. Aber obwohl dadurch die Nacht nicht ganz so finster war, fühlte sich Linus alles andere als wohl bei der Sache. Es war unheimlich in dem dunklen Wald. Er dachte an den Hund mit den feurigen Augen, der den Ritterschatz bewachte. Na, dem wollte er jetzt nicht unbedingt begegnen. Gut, dass sie den Dackel mit den feurigen Augen und den langen Schlappohren dabeihatten, dachte er und musste sich ein nervöses Kichern verkneifen.
Immer wieder blickte er sich um und kontrollierte die Umgebung. Nichts. Nur Bäume. Und Bea, die ein Stück zurückgefallen war. Vor ihm lag der steil ansteigende Pfad. Er lief ein Stück, stand dann wieder still und lauschte. Kobler konnte er gerade noch schemenhaft in der Ferne vor sich erkennen, bevor dieser hinter einer Biegung verschwand. Linus hielt den Atem an und konzentrierte sich auf die Geräusche vor und hinter sich. Waldesruhe. Dann ein Rascheln hinter ihm. Erschrocken fuhr er herum. War das eine Maus? Hoffentlich kein Wildschwein! Wieder Stille. Blitzartig schoss plötzlich etwas über seinen Kopf hinweg. Linus duckte sich reflexartig. Er unterdrückte einen Aufschrei, indem er sich die Hand vor den Mund presste. Verdammt! Was war das denn gewesen? Eine Eule? Für eine Fledermaus war es jedenfalls zu groß. Nun war nichts mehr zu sehen. Alles war wieder ruhig.
Linus atmete tief ein und wieder aus. Jetzt nur nicht durchdrehen. Er war ja immerhin nicht allein unterwegs. Und zur Not hatte er sein Handy in der Jackentasche. 110 war schnell gewählt. Falls der Kobler sie entdecken sollte, konnte die Situation leicht außer Kontrolle geraten. Sie mussten mehr als vorsichtig sein. Ob Fridolin wirklich

im Ernstfall als Beschützer taugte? Hoffentlich war das nicht nur ein Wunschgedanke von Bea. Wo blieben die beiden eigentlich?

Kurze Zeit später holte Bea ihn ein. Sie war außer Atem und keuchte: „War was? Ich dachte, ich hätte einen leisen Schrei von dir gehört. Ich hab mir schon Sorgen gemacht."

„Nein, alles okay. Ich hab mich nur erschreckt, weil eine Eule fast gegen meinen Kopf geflogen ist."

„Aha, und wo ist Kobler? Ich seh' ihn nicht mehr." „Er ist dort um die Kurve verschwunden. Lass uns schnell weitergehen. Nicht, dass wir ihn verlieren." Kaum hatten sie die Biegung erreicht, entdeckten sie Kobler ein Stück oberhalb des Weges. Da er schwarz gekleidet war, hob sich sein Umriss kaum von den Schatten der Bäume ab. Er stand bei einem größeren Baum und wühlte in seinem Rucksack. Dann zog er etwas heraus, das im Mondlicht silbern glänzte. Bea formte mit den Lippen lautlos: „Was ist das?"

Als Linus erkannte, was Kobler da in den Händen hielt, suchte er sofort mit zitternden Fingern nach seinem Handy.

Bea schaute ihn immer noch fragend an. „Draht", raunte er, „das ist eine Rolle Draht!" Wie abgemacht ließ er es fünf Mal bei Alex klingeln. Das war für Alex das Zeichen, die Polizei zu benachrichtigen. Ihre Pflicht hatten sie zur Genüge erfüllt, sagte er sich im Stillen. Mehr konnten sie nicht tun. Der Rest war Aufgabe der Polizei. Linus gab Bea einen Wink als Zeichen zum Abmarsch.

Vor lauter Aufregung hatten sie allerdings überhaupt nicht mehr auf Fridolin geachtet, der unter höchster Anspannung ganz steif dastand. Die Ohren zurückgelegt und den Schwanz starr ausgestreckt, fixierte er den fremden Mann. Sie wollten gerade kehrtmachen, da fing Fridolin plötzlich zu knurren an. Bea zog an der Leine und zischte ein scharfes „Aus!". Doch es war zu spät. Der Dackel heulte schrill auf und gab dann ein wütendes Gebell von sich, das dröhnend durch den stillen Wald hallte. Linus und Bea sahen sich entsetzt an. Oh nein! Was jetzt?

Angsterfüllt blickten sie zu Kobler. Der hatte sie durch den Krach natürlich entdeckt. Schon schrie er in die Dunkelheit hinein: „Hallo? Was habt ihr da zu suchen?“ Wütend kam er auf sie zugelaufen.
Bea reagierte sofort und löste Fridolin mit einem Handgriff von der Leine. Wie auf Kommando schnellte der Dackel mit heiserem Gebell auf Kobler zu und packte ihn ohne zu zögern an seiner Hose.
Kobler brüllte: „Ah! Verfluchter Köter! Hau ab! Verdammt noch mal!“ Er warf sein Bein hin und her und versuchte den Dackel abzuschütteln. Fridolin aber hatte sich in den Hosenstoff festgebissen und ließ nicht los, obwohl er wild herumgeschleudert wurde. Er schlug sich erstaunlich wacker und der Mann brauchte seine ganze Kraft, um den aufgebrachten Hund von seinen Waden fernzuhalten.
Das war die Chance, die sie nutzen mussten! Bea und Linus zögerten keine Sekunde mehr und rannten so schnell sie konnten den Waldweg zurück. Weg, weg, weg! Einfach nur weg! Immer wieder stolperten sie über Wurzeln und Steine. Sie drehten sich nicht um. Dafür war keine Zeit. Es galt jetzt, bei ihrer Flucht nur nach vorn zu sehen und möglichst nicht zu stürzen!
Zu Beas großer Erleichterung sprang Fridolin plötzlich neben ihnen her. Schwer schnaufend erreichten sie den Parkplatz, wo sie gleich hinter einem großen Busch in Deckung gingen. Hier untersuchte und streichelte Bea erst einmal sorgenvoll ihren Dackel. Er schien allerdings unverletzt zu sein und war trotz allem guter Dinge.
„Ach du Schande, das war echt knapp! Wenn Fridolin den Kobler nicht gepackt hätte … ich hatte so eine Angst, als der plötzlich auf uns zu gerannt kam!“ Bea war kurz davor zu weinen.
Linus bemühte sich um ein aufmunterndes Lächeln: „Ich war in dem Moment auch total blockiert, konnte gar nicht mehr klar denken. Aber hier sind wir in Sicherheit.“ „Hoffe ich zumindest“, fügte er in Gedanken hinzu. Jetzt hieß es warten. Hoffentlich kam die Polizei rechtzeitig. Jede Minute erschien ihnen in dieser Situation wie eine kleine Ewigkeit.

Kapitel 23: Gerechtigkeit

Ängstlich guckte Bea in Richtung Wald: „Was machen wir, wenn der Kobler zurückkommt und die Polizei immer noch nicht da ist?“
Darauf wusste Linus auch keine Antwort. Stattdessen linste er wiederholt nervös auf seine Uhr. Wie lange würde die Polizei wohl brauchen? Hatten sie den Anruf von Alex überhaupt ernst genommen?
Bea scharrte mit dem Fuß im Dreck und flüsterte: „Wo bleibt denn die Polizei? Ich halt das hier bald nicht mehr aus. Wenn die nicht in den nächsten Minuten kommen, dann gehe ich! Mir wird das echt zu gefährlich.“ „Schau mal, Scheinwerfer! Das sind sie bestimmt. Endlich! Gut, dass sie kein Blaulicht eingeschaltet haben. Das hätte der Kobler schon von Weitem gesehen.“
Zwei Polizisten in Uniform stiegen aus dem Wagen und kamen auf Bea und Linus zu. Fridolin knurrte warnend. Schnell hielt ihm Bea die Schnauze zu. Der Größere der beiden Polizisten beäugte sie streng und sagte: „So! Seid ihr Linus und Bea? Wir haben einen Anruf von eurem Freund Alex erhalten. Er hat gesagt, ihr hättet eine verdächtige Person auf der WM-Strecke gesehen. Stimmt das?“
Linus nickte: „Ja, der Typ hat da oben im Wald einen Draht über den Weg gespannt! Wir haben ihn dabei beobachtet. Leider hat er uns wegen des Dackels entdeckt. Er ist also schon gewarnt. Er könnte jeden Moment hier auftauchen. Ich weiß nicht, ob er uns verfolgt hat.“
Der Polizist musterte Linus: „So, so. Dann werden wir mal sehen, ob ihr recht habt. Eine ganz andere Geschichte ist aber, dass ihr beiden nachts nach 22 Uhr ohne Eltern unterwegs seid. Wissen das eure Eltern? Und wie alt seid ihr überhaupt?“
Bea murmelte eingeschüchtert: „Elf.“ Der andere Polizist schüttelte ärgerlich den Kopf: „Mit elf Jahren mitten in der Nacht im Wald unterwegs! Das gibt es doch gar nicht! Aber jetzt schauen wir erst mal,

was dieser Mann, den ihr gesehen habt, da nachts auf der WM-Strecke treibt. Das Hühnchen mit euch werden wir dann später rupfen. Ihr bleibt hier und rührt euch nicht von der Stelle, klar? Wir sehen jetzt mal nach der verdächtigen Person."

Als die Polizisten außer Hörweite waren, flüsterte Bea Linus ins Ohr: „Na toll! Von wegen dankbar! Statt uns zu loben, bekommen wir einen Anschiss!" Linus zuckte mit den Schultern: „Die werden uns schon noch dankbar sein, wenn sie merken, dass wir einen weiteren Anschlag verhindert haben." Sie lauschten in die Nacht hinein. Die Polizisten schlichen bei Weitem nicht so leise wie sie selbst durch den Wald. Die knackenden Geräusche ihrer Schritte konnte man deutlich hören. Bald waren sie vollständig in die Dunkelheit eingetaucht und nicht einmal mehr mit den Nachtsichtbrillen zu sehen. Bea und Linus tauschten ab und an sorgenvolle Blicke. Hoffentlich ging die Sache gut aus! Auch Fridolin hatte wieder zu zittern begonnen. Plötzlich hörten sie Geschrei. Mehrere Männerstimmen schallten durch den nächtlichen Wald. Was geschrien wurde, konnte man allerdings nicht verstehen.

Bea fühlte sich inzwischen mehr als unbehaglich. „Hoffentlich gibt es keine Schießerei!", sagte sie sorgenvoll und kniff die Augen zusammen. Nach wie vor war von den Männern nichts zu sehen.

Linus grinste zuversichtlich: „Wir sind hier doch nicht im Fernsehen, Bea. Im echten Leben ballern die Polizisten nicht so schnell durch die Gegend. Wirst sehen, die schaffen es, den Kobler auch ohne Waffengewalt festzunehmen."

Linus sollte recht behalten. Bereits nach einer Viertelstunde kamen die Polizisten zurück. Zwischen ihnen lief Herr Kobler, der lautstark schimpfte: „So eine Unverschämtheit! Ich werde mich über Sie beschweren! Man wird ja wohl noch einen Nachtspaziergang machen dürfen. Ich verstehe gar nicht, was Sie von mir wollen!"

Der Kleinere der beiden Polizisten hatte inzwischen einen hochroten

Kopf. Entnervt herrschte er ihn an: „Ich sage Ihnen, was wir von Ihnen wollen. Sie haben einen Draht auf der Mountainbike-Abfahrt gespannt. Wir nehmen Sie mit aufs Revier. Sie stehen im Verdacht, mehrfach Anschläge auf Radfahrer begangen zu haben."

Herr Kobler keuchte: „Das ist ja lächerlich! Das müssen Sie mir erst einmal beweisen!"

Der große Polizist schnappte sich mit einem Handgriff Koblers Rucksack und sagte: „Dürfen wir mal einen Blick in Ihren Rucksack werfen? Dankeschön!" Er griff in den Rucksack und zog einen Rolle Draht heraus. Kobler schnappte nach Luft, machte den Mund auf, klappte ihn dann aber wieder zu. Der Polizist hielt den Draht vor Koblers Gesicht. „Was haben wir denn da? Und erzählen Sie mir jetzt nicht, dass Sie diesen Draht für Ihren Nachtspaziergang gebraucht haben. Ich wette, dass dies der gleiche Draht ist, den Sie oben im Wald über die Rennstrecke gespannt haben. Und wer weiß – wahrscheinlich ist es der gleiche Draht, der neulich im Bikepark gespannt wurde und einen Jungen fast umgebracht hätte. Wenn man so will, dann könnte man die Drahtfalle im Bikepark sogar als Mordanschlag betrachten. Zumindest als schwere Körperverletzung. Sie haben einen Sturz mit Todesfolge billigend in Kauf genommen."

Herr Kobler wurde blass. Dann setzte er zu einem neuen Versuch an, sich zu verteidigen und sagte trotzig: „Diesen Draht gibt es in jedem Baumarkt zu kaufen. Das dürfte als Beweis wohl kaum ausreichen."

„Der Draht allein vielleicht nicht. Aber Ihr Fußabdruck, den wir im Bikepark gefunden haben, ist ein guter Beweis. Und wissen Sie, was der beste Beweis ist? Ihre DNA, die Sie auf dem Drohbrief hinterlassen haben! Ein Taschentuch beim Niesen wäre nicht schlecht gewesen, Herr Kobler!" Bei den letzten Worten sank Kobler regelrecht in sich zusammen. Er schlug die Hände vors Gesicht und sagte gepresst: „Das ist einfach ungerecht. Sie sehen das völlig falsch! Mir hat die Polizei damals nicht geholfen, als der junge Kerl mich über den Haufen gefahren hat. Ich hab mir dabei sogar das Handgelenk gebrochen. Da hat keiner von Körperverletzung oder Mordanschlag gesprochen. Und ich habe es lange im Guten probiert. Meine Leserbriefe hat doch kein Schwein beachtet. Irgendwann habe ich mich dann entschlossen, selbst für Gerechtigkeit zu sorgen. Ich will, dass der Bikepark geschlossen wird und dass man nicht noch mehr Radfahrer durch Radveranstaltungen nach Albstadt lockt." Er hielt kurz inne. Dann rief er eindringlich: „Aber ich will doch niemanden umbringen! Das ist totaler Quatsch! Die Radfahrer sollten nur auch mal Angst bekommen und damit aufhören, wie die Gestörten durch den Wald zu rasen. Ich wollte Ihnen den Spaß am Downhill verderben. Aber ich habe nie jemanden ernsthaft verletzen wollen. Das müssen Sie mir glauben!"

Der Polizist sah ihn ernst an: „Wissen Sie was? Das können Sie dann dem Richter erklären." Dann führte er Kobler zum Polizeiauto.

Der andere Polizist kümmerte sich derweil um Linus und Bea. Als er Linus eine Hand auf die Schulter legte, fing Fridolin sofort wieder drohend zu knurren an. Diese Mal hielt Bea ihm bewusst nicht die Schnauze zu.

„Na ja, wenigstens habt ihr einen guten Beschützer dabei", meinte der Polizist mit einem Blick auf den Dackel. „Jetzt müsst ihr aber schleunigst heim zu euren Eltern. Ich werde euch begleiten. Schaut nicht so! Da kommt ihr nicht drum herum. Es war nicht ungefährlich, was ihr da unternommen habt. Und ich glaube nicht, dass eure Eltern das erlaubt haben. Die habt ihr vermutlich irgendwie ausgetrickst, oder?"

Linus sah betroffen zu Boden. Bea stiegen Tränen in die Augen. Leise sagte sie: „Unsere Eltern denken, dass wir heute Nacht bei unserem Freund Alex schlafen. Von der Aktion hier wissen sie gar nichts. Wenn Sie uns nach Hause bringen, kriegen wir gewaltigen Ärger. Muss das wirklich sein?" Flehend sah sie den Polizisten an.

Der Polizist dachte eine Weile nach, betrachtete die beiden Kinder und sagte gar nichts. Schließlich räusperte er sich: „Also gut. Im Grunde habt ihr da ja eine tolle Detektivarbeit geleistet. Ohne eure Hilfe hätten wir den Täter wahrscheinlich nicht so schnell geschnappt. Deshalb drücke ich ausnahmsweise beide Augen zu und verrate euren Eltern nichts. Ihr müsst mir aber versprechen, dass ihr in Zukunft nach 22 Uhr da seid, wo elfjährige Kinder hingehören: im Bett!" Linus und Bea grinsten erleichtert und antworteten im Chor: „Klar, versprochen!"

„Dann begleite ich euch eben zu eurem Freund Alex. Der fragt sich bestimmt schon, wo ihr bleibt. Auf dem Weg könnt ihr mir dann erzählen, wie ihr den Kobler überhaupt gefunden habt. Und woher wusstet ihr, dass er heute Nacht hier sein würde?"

Bea und Linus freuten sich über das Interesse des Polizisten und erzählten ihm abwechselnd von ihren Ermittlungen. Dabei verrieten sie ihm, dass sie sich selbst die ALB-Detektive nannten. Auch Fridolin war froh, dass es endlich nach Hause ging, und wuselte freudig vor ihnen her. Als Alex ihnen kurze Zeit später die Tür öffnete, erschrak er zuerst, als er sah, dass sie in Begleitung eines Polizisten kamen. Da er aber merkte, dass seine Freunde recht zufrieden dreinblickten, entspannte er sich. Der Polizist klopfte Linus zum Abschied freundlich auf die Schulter und sagte: „Jetzt schlaft gut, ihr ALB-Detektive." Von Schlaf konnte natürlich zunächst keine Rede sein. Alex wollte alles, was in dieser Nacht passiert war, haarklein von den beiden erfahren.

Kapitel 24: Weltcup

Am nächsten Tag standen die ALB-Detektive an der Rennstrecke im Bullentäle. Die Stimmung war gigantisch. Tausende von Zuschauern waren zum Cross-Country-Weltcup gekommen und feuerten die Radfahrer, die aus dem In- und Ausland angereist waren, lautstark an. Auch die Fernsehsender ARD und SWR waren vor Ort, um von dem Großereignis zu berichten. Ein Moderator kommentierte das Rennen durch den Lautsprecher: „… und wir sind stolz, dass wir Ihnen dieses erstklassige internationale Rennen hier in Albstadt präsentieren können! Wir haben ideale Bedingungen, das Wetter ist spitze, die Strecke ist hervorragend präpariert und bietet ein hohes Niveau an unterschiedlichen Herausforderungen. Liebe Zuschauer, staunen Sie über diese Fahrkünste. Hier ist die Weltspitze der Mountainbike-Szene vertreten! Worldcup auf der Alb. Was für ein Erlebnis! Das bietet Ihnen nur Albstadt, die Sportstadt! Ein Paradies für Radfahrer."

Bea verzog das Gesicht und sagte ärgerlich: „Ja, ein Paradies dank der Arbeit der fabelhaften ALB-Detektive! Der tut so, als sei alles Friede, Freude, Eierkuchen. Kein Wort davon, dass die WM beinahe ins Wasser gefallen wäre!"

Linus lachte und meinte: „Hauptsache, alle haben nun ihren Spaß und es gibt keine bösen Überraschungen mehr. Ich hab übrigens heute Morgen was Interessantes in der Zeitung gelesen. Der Gemeinderat hat beschlossen, dass sie an den Stellen, wo sich Wanderer und Radler begegnen, Schilder aufstellen wollen. Da soll dann ‚Gemeinsam mit Respekt!' draufstehen."

„Aha. Na, das ist auf jeden Fall ein guter Anfang, oder?"

Bea ließ ihren Blick über die Zuschauermenge schweifen. Da fiel ihr auf der gegenüberliegenden Seite der Rennstrecke ein Junge auf, der ihr zulächelte und die Hand zum Gruß hob. Nanu? Wollte der was von ihr? Sie hatte den Jungen noch nie gesehen. Da Bea nicht unhöflich sein wollte, winkte sie kurz zurück. Sie stieß Alex mit dem Ellbogen an und deutete auf den Jungen, der immer noch zu ihr herübergrinste. „Schau mal, kennst du den da drüben? Der hat mich gegrüßt und mir so komisch zugelächelt!" Blonder Lockenkopf, ein Meer von Sommersprossen im Gesicht … das konnte nur Lukas sein! Alex prustete los. „Meinst du den mit der Jeansjacke? Der hat nicht dich angelächelt. Der hat mich angelächelt!"

„Was? Dich?" Beas Wangen röteten sich schlagartig. „Und ich hab auch noch zurückgewinkt. Wie peinlich!"

„Ach was! Das muss dir nicht peinlich sein. Das ist Lukas. Er hat mir damals im Bikepark geholfen, als ich wegen des Drahts gestürzt bin. Ist ein echt fähiger Typ." Er nickte Lukas freundlich zu. „Wir haben ausgemacht, dass wir nächste Woche mal gemeinsam zum Bikepark gehen. Er kennt sich mega gut beim Downhill aus. Kannst ja mitkommen, wenn du ihn kennenlernen willst."

Bea fauchte: „Wie kommst du denn darauf, dass ich ihn kennenlernen will?" Ihre Wangen waren inzwischen so rot wie reife Äpfelchen.

Alex hob beschwichtigend die Arme. „War ja nur ein Vorschlag, Bea. Nur ein Vorschlag! Aber wenn du nicht willst … Ich dachte, du freust dich vielleicht darüber. Weil du ihm gleich so nett zurückgewinkt hast."

Bea setzte das grimmigste Gesicht aller Zeiten auf. „Noch ein Wort, dann hetze ich beim nächsten Mal meinen Kampfhund auf dich!"

„Deinen Kampfhund?" Alex ging einen Schritt zur Seite, um vor möglichen Hieben sicher zu sein. „Meinst du damit etwa diese langohrige Wurst namens Fridolin?"

Bea wollte gerade zum Gegenschlag ausholen, als Linus plötzlich ausrief: „He, ihr Streithähne. Habt ihr mal auf die Uhr geschaut? Wir müssen los! In einer halben Stunde haben wir den Termin mit der Reporterin von der Kinderzeitung." Er nahm seine Schildmütze ab und setzte sie sich verkehrt herum wieder auf. „Ist das nicht klasse, dass sie ausgerechnet uns über den Bikepark interviewen möchte? Ich frag mich nur, wie die auf uns gekommen ist?“

Alex grinste. „Mein Onkel hat ihr den Tipp gegeben. Eigentlich geht es in dem Bericht gar nicht so sehr um den Bikepark. Die Reporterin hat gesagt, dass sie in erster Linie über unseren Erfolg bei der Jagd nach dem Drahtfallentäter berichten will.“

Bea strahlte übers ganze Gesicht: „Echt? Cool!“ Sie hakte Alex versöhnlich unter. „Siehst du? Wir werden doch noch berühmt!“

Alex nickte und hakte sich mit dem anderen Arm bei Linus unter. Er blickte stolz von Bea zu Linus und sagte feierlich: „Hier sehen Sie die drei ALB-Detektive aus Albstadt. Haben Sie ein unlösbares Problem? Dann sind Sie genau richtig bei uns. Wir lösen garantiert jeden Fall!“

Nachwort und Dank

„Die ALB-Detektive / Gefahrenzone Bikepark“ ist ein fiktiver Kinderkrimi.

Auch wenn die örtlichen Gegebenheiten real existieren, sind die Personen und die Handlung frei erfunden. Ähnlichkeiten mit lebenden oder toten Personen und tatsächlichen Ereignissen sind rein zufällig und nicht beabsichtigt. Lediglich Dackel Fridolin existiert tatsächlich.

An dieser Stelle möchte ich ganz besonders meiner Lektorin Frau Sophie Micheel danken, die es mit viel Humor und lobenden Worten geschafft hat, die Überarbeitung zu einem Vergnügen zu machen.
Ebenfalls danken möchte ich Frau Sabine Zähringer, die mit routiniertem Lehrerinnenblick von Anfang an den Rotstift angesetzt hat und meinen Ausführungen unermüdlich gelauscht hat.
Ein ganz besonderer Dank geht an meinen Mann und meine Kinder für ihre Geduld und ihren Zuspruch.

Februar 2025

Herderplatz 11, 99423 Weimar

Umschlaggestaltung: Norma Reichelt, Anja Puse
Satz und Layout: Claudia Speckmann
Lektorat: Sophie Micheel
Druck und Bindung: Sowa Sp. z o.o.

Dieses Buch folgt den Regeln der neuen deutschen Rechtschreibung.

Bei Fragen zur Produktsicherheit wenden Sie sich an:
info@knabe.de

www.knabe-verlag.de

ISBN:
978-3-944575-21-6